SQL para Analistas de Datos

Serie Dominio de Datos

Michael Chen

Published by Northwood Lore Books, 2024.

SQL PARA ANALISTAS DE DATOS

First edition. November 18, 2024.

ISBN: 979-8230402305

Written by Michael Chen.

Tabla de Contenido

Capítulo 1: El Panorama del Analista de Datos Moderno

El panorama del análisis de datos moderno ha experimentado una transformación dramática durante la última década, remodelando no solo cómo trabajamos con datos sino también las habilidades fundamentales requeridas para tener éxito en el campo. A medida que las organizaciones continúan acumulando volúmenes sin precedentes de datos, el rol del analista de datos ha evolucionado desde la simple manipulación de hojas de cálculo hasta la sofisticada exploración de datos y generación de insights. Esta evolución exige una comprensión integral de varias herramientas y tecnologías, con SQL manteniéndose firmemente en el centro de este ecosistema tecnológico.

• • • •

LOS ANALISTAS DE DATOS de hoy se encuentran operando en un entorno donde los datos provienen de numerosas fuentes, en varios formatos y con diferentes niveles de complejidad. La pila de datos moderna típicamente incluye almacenes de datos como Snowflake, Amazon Redshift o Google BigQuery, que han revolucionado cómo almacenamos y procesamos grandes conjuntos de datos. Estas plataformas han hecho posible analizar miles de millones de filas de datos en segundos, una tarea que habría sido impensable hace solo unos años. Sin embargo, este poder viene con la responsabilidad de entender cómo consultar y manipular datos a escala de manera efectiva.

• • • •

LA PROLIFERACIÓN DE puntos de recolección de datos también ha contribuido a la complejidad del rol del analista moderno. Desde análisis web y sistemas de gestión de relaciones con clientes (CRM) hasta dispositivos del Internet de las Cosas (IoT) y plataformas de redes sociales, las organizaciones están recolectando datos de más fuentes que nunca antes. Esta diversidad de fuentes de datos presenta tanto oportunidades como desafíos. Mientras proporciona insights más ricos en las operaciones comerciales y el comportamiento del cliente, también requiere que los analistas sean competentes en técnicas de integración y transformación de datos.

• • • •

LAS HERRAMIENTAS DE inteligencia empresarial también han evolucionado significativamente, con plataformas como Tableau, Power BI y Looker convirtiéndose en partes integrales del conjunto de herramientas del analista. Estas herramientas a menudo sirven como la capa final en la pila de datos, donde los insights son visualizados y compartidos con las partes interesadas. Sin embargo, la efectividad de estas herramientas depende en gran medida de la calidad de los datos subyacentes y la eficiencia de las consultas que las alimentan. Aquí es donde SQL demuestra su valor como el lenguaje fundamental para la manipulación y análisis de datos.

• • • •

EL ANALISTA DE DATOS moderno también debe estar familiarizado con los conceptos de gobernanza de datos, seguridad y cumplimiento. Con regulaciones como GDPR y CCPA volviéndose más estrictas, entender cómo manejar datos sensibles y mantener la privacidad de los datos se ha vuelto crucial. Esto incluye conocimiento de técnicas de enmascaramiento de datos, control de acceso y pistas de auditoría, todo lo cual puede ser implementado y gestionado a través de SQL.

• • • •

LA COMPUTACIÓN EN LA nube ha cambiado fundamentalmente cómo se almacenan y procesan los datos. La capacidad de escalar recursos hacia arriba o hacia abajo según la demanda ha hecho posible que organizaciones de todos los tamaños trabajen con grandes conjuntos de datos. Sin embargo, esta flexibilidad requiere que los analistas entiendan las arquitecturas de datos basadas en la nube y cómo optimizar sus consultas para entornos en la nube. El modelo de pago por uso de la computación en la nube también significa que la escritura eficiente de consultas puede tener un impacto directo en la optimización de costos.

• • • •

LA COLABORACIÓN SE ha vuelto cada vez más importante en el panorama moderno de datos. Los analistas a menudo trabajan en equipos multifuncionales, colaborando con ingenieros de datos, científicos de datos y partes interesadas del negocio. Los sistemas de control de versiones como Git se han vuelto esenciales para gestionar código SQL, mientras que las plataformas de documentación y compartición de código ayudan a mantener la consistencia y el intercambio de conocimientos entre equipos. La capacidad de escribir código SQL claro y mantenible que otros puedan entender y sobre el cual construir es ahora tan importante como la precisión técnica de las consultas mismas.

• • • •

EL AUGE DE LA TOMA de decisiones basada en datos ha elevado el rol del analista de datos desde una posición puramente técnica a un socio estratégico de negocio. Los analistas modernos necesitan entender no solo cómo escribir consultas, sino también cómo traducir preguntas de negocio en problemas analíticos y comunicar insights efectivamente a partes interesadas no técnicas. Esto requiere una combinación de habilidades técnicas, perspicacia empresarial y habilidades de comunicación.

••••

LA AUTOMATIZACIÓN Y reproducibilidad se han convertido en preocupaciones clave en el panorama moderno de datos. Se espera que los analistas creen procesos repetibles que puedan ser programados y monitoreados. Esto ha llevado a la creciente importancia de entender cómo crear procedimientos almacenados, funciones definidas por el usuario y soluciones de informes automatizados. La capacidad de construir pipelines de datos robustos y automatizados que puedan manejar errores y casos límite es ahora una habilidad crucial.

••••

EL ANALISTA DE DATOS moderno también debe mantenerse al día con las tendencias y tecnologías emergentes. El campo está en constante evolución, con nuevas herramientas y técnicas siendo desarrolladas regularmente. Desde la integración de capacidades de aprendizaje automático directamente en bases de datos SQL hasta la emergencia de nuevas técnicas de visualización de datos, el panorama continúa cambiando. Los analistas exitosos mantienen una mentalidad de crecimiento y actualizan regularmente sus habilidades para permanecer efectivos en sus roles.

••••

LA OPTIMIZACIÓN DEL rendimiento se ha vuelto cada vez más importante a medida que los conjuntos de datos crecen más grandes y las partes interesadas esperan insights más rápidos. Entender los planes de ejecución de consultas, estrategias de indexación y técnicas de ajuste de rendimiento es esencial para trabajar con almacenes de datos modernos. Los analistas deben ser capaces de escribir no solo consultas funcionales, sino optimizadas que puedan manejar el procesamiento de datos a gran escala de manera eficiente.

••••

LA DEMOCRATIZACIÓN de los datos también ha cambiado el rol del analista. Con el auge de las herramientas de análisis de autoservicio, más usuarios de negocio están trabajando directamente con datos. Esto ha desplazado el enfoque del analista hacia la construcción de modelos de datos robustos y el mantenimiento de la calidad de los datos, mientras también apoya y educa a otros usuarios en la organización. La capacidad de crear estructuras de datos bien documentadas y amigables para el usuario sobre las cuales otros puedan construir se ha convertido en una habilidad esencial.

• • • •

MIRANDO HACIA ADELANTE, el panorama continúa evolucionando con tecnologías emergentes como análisis en tiempo real, procesamiento de flujos y capacidades analíticas avanzadas siendo construidas directamente en bases de datos. El analista de datos moderno debe estar preparado para adaptarse a estos cambios mientras mantiene una base sólida en habilidades centrales de SQL. La capacidad de combinar el conocimiento tradicional de SQL con herramientas y técnicas modernas seguirá siendo crucial para el éxito en el campo.

• • • •

A MEDIDA QUE AVANZAMOS a través de este libro, exploraremos cómo navegar efectivamente este panorama complejo, construyendo las habilidades necesarias para tener éxito como un analista de datos moderno. Desde dominar conceptos fundamentales de SQL hasta entender técnicas analíticas avanzadas, cada capítulo contribuirá a desarrollar un conjunto de habilidades integral que satisfaga las demandas de las organizaciones impulsadas por datos de hoy.

Capítulo 2: Por Qué SQL Sigue Siendo el Rey en el Análisis de Datos

SQL ha mantenido su posición como el lenguaje dominante para el análisis de datos por varias razones convincentes, y entender estos factores es crucial para cualquier profesional de datos aspirante. Mientras nuevas tecnologías y lenguajes de programación continúan emergiendo, las fortalezas fundamentales de SQL lo han convertido en una piedra angular perdurable del análisis de datos por más de cuatro décadas.

• • • •

LA RAZÓN PRINCIPAL para la continua dominancia de SQL reside en su naturaleza declarativa. A diferencia de los lenguajes de programación procedurales donde debes especificar cómo obtener los resultados deseados, SQL permite a los analistas enfocarse en qué quieren lograr. Este nivel más alto de abstracción hace que SQL sea particularmente intuitivo para analistas que necesitan enfocarse en resolver problemas de negocio en lugar de quedarse atrapados en detalles de implementación. Simplemente describes los datos que quieres, y el motor de la base de datos determina la manera más eficiente de recuperarlos.

• • • •

OTRO FACTOR CLAVE EN la relevancia perdurable de SQL es su adopción universal a través de sistemas de bases de datos. Ya sea que estés trabajando con bases de datos relacionales tradicionales como PostgreSQL y MySQL, almacenes de datos en la nube modernos como Snowflake y BigQuery, o plataformas de big data como Apache Hive, SQL sigue siendo el lenguaje común. Esta universalidad significa que las habilidades en SQL son altamente transferibles entre diferentes plataformas y organizaciones, haciéndolo una herramienta invaluable en el conjunto de habilidades de cualquier analista.

• • • •

LA ESCALABILIDAD DE SQL es particularmente notable en el entorno actual de big data. Los motores SQL modernos pueden manejar conjuntos de datos que van desde unas pocas filas hasta miles de millones de registros, y la sintaxis básica permanece en gran parte igual independientemente de la escala. Esta escalabilidad se ve mejorada por las capacidades de optimización incorporadas en los motores de bases de datos modernos, que pueden determinar automáticamente la manera más eficiente de ejecutar consultas. A medida que los volúmenes de datos continúan creciendo, la capacidad de SQL para manejar el procesamiento de datos a gran escala se vuelve cada vez más valiosa.

• • • •

LA INTEGRACIÓN DE SQL con herramientas de inteligencia empresarial ha consolidado aún más su posición en el ecosistema de análisis de datos. Plataformas populares de visualización como Tableau, Power BI y Looker todas utilizan SQL como su lenguaje de consulta subyacente. Incluso cuando los usuarios interactúan con estas herramientas a través de interfaces gráficas, entender SQL permite a los analistas optimizar consultas, solucionar problemas y crear análisis más sofisticados que lo que es posible a través de la GUI solamente.

• • • •

LA ESTABILIDAD Y MADUREZ del lenguaje proporcionan otra ventaja convincente. Mientras SQL ha evolucionado para incorporar características modernas como funciones de ventana y expresiones de tabla comunes, su sintaxis central ha permanecido notablemente consistente. Esta estabilidad significa que el código escrito hace décadas a menudo todavía funciona hoy, y las inversiones en conocimiento de SQL tienen un retorno a largo plazo. El ecosistema maduro alrededor de SQL incluye documentación extensa, soporte comunitario y mejores prácticas establecidas que lo hacen más fácil de aprender y usar efectivamente.

• • • •

EL PAPEL DE SQL EN la gobernanza y seguridad de datos no puede ser subestimado. El lenguaje incluye características robustas para gestionar el acceso a datos y mantener la integridad de los datos. A través de características como vistas, procedimientos almacenados y permisos de usuario, SQL proporciona control detallado sobre quién puede acceder a qué datos y cómo pueden interactuar con ellos. Esto es particularmente importante en el entorno regulatorio actual, donde la privacidad y seguridad de los datos son preocupaciones primordiales.

• • • •

LA NATURALEZA COLABORATIVA de SQL también contribuye a su continua dominancia. Las consultas SQL son típicamente autocontenidas y pueden ser fácilmente compartidas entre miembros del equipo. La sintaxis legible del lenguaje hace posible que los analistas revisen y entiendan el trabajo de los demás, facilitando la revisión de código y el intercambio de conocimientos. Este aspecto colaborativo se ve mejorado por los sistemas modernos de control de versiones y repositorios de código, que han hecho más fácil que nunca gestionar y compartir código SQL entre equipos.

• • • •

LAS CAPACIDADES DE optimización de rendimiento en SQL han evolucionado para satisfacer las demandas modernas. Las bases de datos SQL modernas incluyen optimizadores de consultas sofisticados que pueden determinar automáticamente la manera más eficiente de ejecutar consultas. Características como vistas materializadas, índices y particionamiento proporcionan herramientas poderosas para mejorar el rendimiento de las consultas. Entender estas técnicas de optimización permite a los analistas escribir consultas eficientes que pueden manejar el procesamiento de datos a gran escala efectivamente.

• • • •

LAS VENTAJAS ECONÓMICAS de la experiencia en SQL son significativas para las organizaciones. Las habilidades en SQL están ampliamente disponibles en el mercado laboral, y la estandarización del lenguaje significa que las organizaciones pueden evitar el bloqueo de proveedores. La rentabilidad de las soluciones SQL, particularmente cuando se compara con plataformas de análisis propietarias, lo hace una opción atractiva para organizaciones de todos los tamaños.

• • • •

LA CAPACIDAD DE SQL para manejar tareas analíticas complejas ha crecido significativamente. SQL moderno incluye características poderosas para análisis avanzados, incluyendo funciones de ventana para análisis de series temporales, funciones estadísticas para análisis cuantitativo y funciones de manipulación de cadenas para análisis de texto. Estas capacidades significan que muchas tareas analíticas que previamente requerían herramientas especializadas ahora pueden ser realizadas directamente en SQL, optimizando el flujo de trabajo analítico.

• • • •

LA EXTENSIBILIDAD DEL lenguaje le ha permitido mantenerse relevante mientras la tecnología evoluciona. Los sistemas de bases de datos modernos a menudo incluyen soporte para datos JSON, análisis geoespacial e incluso operaciones de aprendizaje automático, todo accesible a través de interfaces SQL. Esta adaptabilidad asegura que

SQL continúe satisfaciendo necesidades analíticas emergentes mientras mantiene su simplicidad y accesibilidad fundamentales.

• • • •

LA GESTIÓN DE LA CALIDAD de datos es otra área donde SQL sobresale. El lenguaje proporciona herramientas robustas para la validación, limpieza y transformación de datos. Características como restricciones, disparadores y condiciones de verificación ayudan a mantener la integridad de los datos, mientras que las capacidades de transformación de SQL hacen posible estandarizar y limpiar datos efectivamente. Esto es particularmente importante ya que las organizaciones dependen cada vez más de la toma de decisiones basada en datos.

• • • •

EL PAPEL DE SQL EN el análisis y reportes automatizados se ha vuelto cada vez más importante. A través de consultas programadas y procedimientos almacenados, los analistas pueden crear canales de datos automatizados que actualizan regularmente informes y paneles. Esta capacidad de automatización, combinada con la fiabilidad de SQL y las características de manejo de errores, hace posible construir sistemas analíticos robustos de grado producción.

• • • •

LOS RECURSOS EDUCATIVOS disponibles para SQL son vastos y a menudo gratuitos o de bajo costo. Desde cursos en línea y tutoriales hasta documentación completa y foros comunitarios, los recursos disponibles para aprender SQL son extensos y están bien mantenidos. Esta accesibilidad ha ayudado a mantener la posición de SQL como el lenguaje principal para el análisis de datos al asegurar un suministro constante de profesionales cualificados.

• • • •

MIRANDO HACIA ADELANTE, la posición de SQL en el análisis de datos parece segura. Mientras nuevas tecnologías y enfoques continuarán emergiendo, las fortalezas fundamentales de SQL - su naturaleza declarativa, adopción universal, escalabilidad y ecosistema maduro - aseguran su continua relevancia. A medida que avanzamos a través de este libro, exploraremos cómo aprovechar estas fortalezas efectivamente, usando SQL para resolver desafíos analíticos del mundo real e impulsar la toma de decisiones basada en datos.

Capítulo 3: Configurando tu Entorno SQL

Comenzar con un entorno SQL bien configurado es esencial para un análisis de datos efectivo. En este capítulo, exploraremos las diversas opciones disponibles para configurar tu espacio de trabajo SQL y te guiaremos a través del proceso de crear un entorno de desarrollo robusto que se adapte a tus necesidades.

La primera decisión que necesitarás tomar es elegir un sistema de gestión de bases de datos (DBMS). Las opciones populares incluyen PostgreSQL, MySQL, Microsoft SQL Server y SQLite. PostgreSQL es una excelente elección tanto para principiantes como para profesionales, ofreciendo un conjunto robusto de características mientras se mantiene gratuito y de código abierto. Maneja consultas complejas bien y soporta características avanzadas que exploraremos más adelante en este libro. MySQL, otra opción de código abierto, es ampliamente utilizada en aplicaciones web y proporciona excelente documentación y soporte comunitario. Microsoft SQL Server ofrece una fuerte integración con otros productos de Microsoft y es comúnmente usado en entornos empresariales, mientras que SQLite es perfecto para proyectos más pequeños y aprendizaje debido a su naturaleza sin servidor.

Para este libro, utilizaremos principalmente PostgreSQL en nuestros ejemplos, pero los conceptos y consultas funcionarán en la mayoría de los sistemas de bases de datos principales con modificaciones mínimas. Para instalar PostgreSQL en tu sistema, visita el sitio web oficial de PostgreSQL y descarga el instalador para tu sistema operativo. El proceso de instalación es sencillo en Windows, donde usarás el instalador interactivo. En Mac, puedes usar Homebrew con el comando "brew install postgresql", y en Linux, típicamente puedes usar el gestor de paquetes de tu distribución.

Después de instalar tu DBMS elegido, necesitarás una forma de interactuar con él. Si bien las herramientas de línea de comandos están disponibles, la mayoría de los analistas prefieren usar un Entorno de Desarrollo Integrado (IDE) o herramienta GUI. Las opciones populares incluyen DBeaver, pgAdmin, MySQL Workbench y Azure Data Studio. Estas herramientas proporcionan características como resaltado de sintaxis, ejecución de consultas, visualización de resultados y capacidades de administración de bases de datos. DBeaver es particularmente versátil ya que soporta múltiples sistemas de bases de datos y ofrece ediciones tanto gratuitas como empresariales.

Vamos a recorrer la configuración de DBeaver como tu entorno SQL principal. Después de descargar e instalar DBeaver, necesitarás crear una nueva conexión de base de datos. Haz clic en el botón "Nueva Conexión de Base de Datos", selecciona tu tipo de base de datos (PostgreSQL en nuestro caso) e ingresa tus detalles de conexión. Estos típicamente incluyen la dirección del host (localhost si se ejecuta localmente), número de puerto (el predeterminado es 5432 para PostgreSQL), nombre de la base de datos, nombre de usuario y contraseña. Prueba la conexión antes de guardar para asegurarte de que todo esté configurado correctamente.

Se recomienda crear una base de datos dedicada para practicar. En PostgreSQL, puedes hacer esto a través de tu IDE o usando la herramienta de línea de comandos psql. Usa el comando "CREATE DATABASE practice_db;" para crear una nueva base de datos. También es una buena práctica crear una cuenta de usuario separada para tu trabajo de análisis en lugar de usar la cuenta de superusuario predeterminada. Esto ayuda a mantener la seguridad y previene modificaciones accidentales a las bases de datos del sistema.

Los datos de ejemplo son cruciales para aprender y probar consultas. Muchos sistemas de bases de datos vienen con bases de datos de ejemplo, como las famosas bases de datos Northwind o Adventure Works. PostgreSQL incluye una base de datos de ejemplo "pagila" que modela una tienda de alquiler de DVD. También puedes encontrar excelentes conjuntos de datos de ejemplo en sitios web como Kaggle o

GitHub. Cargar estos conjuntos de datos en tu base de datos te dará datos realistas para trabajar mientras aprendes SQL.

Configurar el control de versiones para tu trabajo SQL es otra consideración importante. Si bien no es estrictamente necesario para aprender, el control de versiones se vuelve crucial en entornos profesionales. Crea un repositorio Git para almacenar tus scripts SQL y establece una convención de nomenclatura de archivos consistente. Muchos IDEs, incluyendo DBeaver, ofrecen características integradas de control de versiones que hacen este proceso más fluido.

Las copias de seguridad de la base de datos deben configurarse desde el inicio, incluso para un entorno de aprendizaje. PostgreSQL proporciona la utilidad pg_dump para crear copias de seguridad, y la mayoría de los IDEs incluyen funcionalidad de respaldo en su interfaz. Las copias de seguridad regulares protegen contra la pérdida de datos y proporcionan instantáneas a las que puedes volver si es necesario.

Considera establecer un flujo de trabajo de desarrollo adecuado. Crea esquemas separados para diferentes propósitos: uno para datos estables tipo producción, otro para probar nuevas consultas, y quizás otro para tablas temporales. Esta organización ayuda a mantener entornos de base de datos limpios y manejables a medida que tus proyectos se vuelven más complejos.

La configuración de tu sistema de base de datos puede impactar significativamente el rendimiento. Si bien la configuración predeterminada suele ser suficiente para aprender, es posible que desees ajustar parámetros como work_mem, shared_buffers y max_connections según los recursos y la carga de trabajo de tu sistema. Estos ajustes se encuentran típicamente en el archivo postgresql.conf o pueden modificarse a través de la interfaz de administración de tu IDE.

La seguridad debe considerarse desde el principio. Asegúrate de que tu servidor de base de datos no esté expuesto a internet a menos que sea necesario, usa contraseñas fuertes e implementa permisos de usuario apropiados. Incluso en un entorno de aprendizaje, los buenos hábitos de seguridad te servirán bien en entornos profesionales.

Para entornos de equipo, considera configurar un servidor de base de datos de desarrollo compartido. Este puede estar alojado localmente o en la nube usando servicios como Amazon RDS, Google Cloud SQL o Azure Database for PostgreSQL. Las bases de datos alojadas en la nube ofrecen las ventajas de infraestructura administrada y escalamiento fácil, aunque vienen con costos asociados.

La documentación de la configuración de tu entorno es valiosa, especialmente en entornos de equipo. Crea un archivo README que describa la estructura de la base de datos, detalles de conexión (excluyendo información sensible) y cualquier requisito especial de configuración. Esta documentación ayudará a los nuevos miembros del equipo a comenzar rápidamente y servirá como referencia para ti mismo.

Finalmente, configura un sistema para gestionar migraciones de base de datos y cambios de esquema. Herramientas como Flyway o Liquibase pueden ayudar a rastrear y aplicar cambios en la base de datos de manera controlada. Si bien esto puede parecer excesivo para propósitos de aprendizaje, entender estas herramientas será valioso en entornos profesionales donde los cambios en la base de datos necesitan ser cuidadosamente gestionados.

Recuerda que tu entorno SQL debe evolucionar a medida que cambien tus necesidades. Comienza simple con los conceptos básicos que hemos cubierto aquí, y agrega complejidad solo cuando sea necesario. El objetivo es crear un entorno estable y eficiente que soporte tu trabajo de aprendizaje y análisis sin complicaciones innecesarias.

A medida que avances a través de este libro, probablemente te encontrarás personalizando tu entorno más según tus necesidades y preferencias específicas. La clave es comenzar con una base sólida sobre la cual puedas construir a medida que tus habilidades SQL crezcan.

Capítulo 4: Entendiendo los Tipos de Datos y la Estructura de Bases de Datos

Los tipos de datos y la estructura de la base de datos constituyen el fundamento del análisis efectivo de datos en SQL. Comprender estos conceptos fundamentales es crucial para construir consultas sólidas y mantener la integridad de los datos. Exploremos los diversos tipos de datos disponibles en SQL y cómo contribuyen a crear bases de datos bien estructuradas.

En su esencia, una base de datos está organizada en tablas, que consisten en columnas y filas. Cada columna tiene un tipo de dato específico que determina qué clase de información puede almacenar. Los tipos de datos más comunes pueden agruparse en varias categorías: tipos numéricos, tipos de caracteres, tipos de fecha y hora, y tipos especiales.

Los tipos de datos numéricos se utilizan para almacenar números y realizar cálculos. INTEGER es el tipo más común para números enteros, adecuado para almacenar valores como IDs de clientes, cantidades o edad. Para números decimales, tienes opciones como DECIMAL o NUMERIC, que permiten especificar tanto la precisión como la escala. DECIMAL(10,2), por ejemplo, puede almacenar números de hasta 10 dígitos en total, con 2 decimales. Los tipos FLOAT y REAL se utilizan para valores numéricos aproximados, aunque deben usarse con precaución en cálculos financieros donde la precisión es crucial.

Los tipos de datos de caracteres almacenan texto y cadenas. VARCHAR es el más utilizado, permitiendo cadenas de longitud variable hasta un máximo especificado. Por ejemplo, VARCHAR(50) puede almacenar cadenas de hasta 50 caracteres, pero solo utiliza el espacio necesario para el contenido real. CHAR es similar pero rellena las cadenas más cortas con espacios para mantener una longitud fija. El tipo TEXT está disponible para almacenar cadenas más largas sin un límite específico de longitud, haciéndolo adecuado para descripciones, comentarios u otro contenido de texto extenso.

Los tipos de datos de fecha y hora son esenciales para el análisis temporal. DATE almacena fechas de calendario, TIME almacena valores de tiempo, y TIMESTAMP combina tanto fecha como hora. Muchas bases de datos también ofrecen TIMESTAMPTZ, que incluye información de zona horaria. Estos tipos vienen con validación incorporada y funciones especiales para cálculos y comparaciones, haciéndolos invaluables para el análisis de series temporales y reportes.

Los tipos de datos booleanos almacenan valores verdadero/falso, representados como BOOLEAN o BIT. Aunque simples, son cruciales para indicadores, estados y lógica condicional. Algunas bases de datos utilizan TINYINT(1) como alternativa para almacenar valores booleanos.

Los tipos de datos especiales incluyen BINARY para almacenar datos binarios puros, JSON para almacenar datos estructurados en formato JavaScript Object Notation, y XML para almacenar datos en formato extensible markup language. Estos tipos son cada vez más importantes a medida que las bases de datos manejan formatos de datos más complejos y variados.

Entender NULL es crucial en el trabajo con bases de datos. NULL representa la ausencia de un valor, lo cual es diferente de cero o una cadena vacía. El manejo adecuado de valores NULL es esencial para un análisis preciso y requiere operadores especiales como IS NULL e IS NOT NULL.

La estructura de la base de datos va más allá de los tipos de datos individuales para abarcar cómo las tablas se relacionan entre sí. El concepto de claves primarias es fundamental – cada tabla debe tener una columna o combinación de columnas que identifique de manera única cada fila. Las opciones comunes para claves primarias incluyen enteros autoincreméntales o claves naturales como códigos de producto.

Las claves foráneas establecen relaciones entre tablas al referenciar claves primarias en otras tablas. Por ejemplo, una tabla de pedidos podría tener una columna customer_id que referencia la columna id en una tabla de clientes. Esto crea integridad referencial, asegurando que cada pedido esté asociado con un cliente válido.

La normalización es un concepto clave en el diseño de bases de datos, destinado a reducir la redundancia de datos y mantener la consistencia. La Primera Forma Normal (1NF) requiere valores atómicos en cada columna – sin listas ni estructuras anidadas. La Segunda Forma Normal (2NF) se basa en esto asegurando que los atributos no clave dependan de toda la clave primaria. La Tercera Forma Normal (3NF) requiere además que los atributos no clave no sean transitivamente dependientes de la clave primaria.

Las restricciones ayudan a mantener la integridad de los datos. Las restricciones NOT NULL aseguran que los campos requeridos siempre tengan valores. Las restricciones UNIQUE previenen valores duplicados en columnas específicas. Las restricciones CHECK permiten definir reglas de validación personalizadas. Las restricciones DEFAULT especifican valores a usar cuando no se proporciona explícitamente un valor.

Los índices son cruciales para el rendimiento de las consultas. Si bien no son parte de la estructura lógica de la base de datos, impactan significativamente en la eficiencia con que se puede acceder a los datos. Las claves primarias crean automáticamente índices, pero se deben crear índices adicionales en columnas frecuentemente utilizadas en cláusulas WHERE o joins.

Los esquemas proporcionan agrupación lógica de objetos de base de datos. En bases de datos grandes, usar múltiples esquemas ayuda a organizar tablas, vistas y otros objetos por función o departamento.

Por ejemplo, podrías tener esquemas separados para datos de ventas, inventario y recursos humanos.

Las vistas ofrecen tablas virtuales basadas en sentencias SELECT. Pueden simplificar consultas complejas, proporcionar seguridad al restringir el acceso a las tablas subyacentes y presentar datos en formatos más adecuados para necesidades específicas de análisis.

Las tablas temporales y variables de tabla proporcionan espacio de trabajo para análisis complejos. Si bien no son parte de la estructura permanente de la base de datos, entender cómo usarlas efectivamente es importante para el análisis de datos.

La partición de tablas grandes puede mejorar el rendimiento al dividir los datos en múltiples unidades de almacenamiento físico basadas en criterios específicos, como rangos de fechas o categorías. Aunque transparente para las consultas, la partición es una consideración estructural importante para conjuntos de datos grandes.

Al diseñar la estructura de la base de datos, considera tanto las necesidades actuales como futuras. Agregar columnas es relativamente fácil, pero cambiar tipos de datos o reestructurar relaciones puede ser desafiante una vez que una base de datos contiene datos significativos. Documenta tu estructura de base de datos, incluyendo relaciones entre tablas, restricciones y el razonamiento detrás de las decisiones de diseño.

Comprender estos conceptos fundamentales de tipos de datos y estructura de base de datos proporciona la base para un análisis efectivo de datos. A medida que avancemos en este libro, verás cómo estos conceptos se combinan en técnicas prácticas de consulta y análisis. Recuerda que un buen diseño de base de datos hace que el análisis sea más fácil y confiable, mientras que un diseño deficiente puede hacer que incluso las consultas simples sean difíciles de escribir y mantener.

Capítulo 5: Estructura Básica de Consultas y Sentencias SELECT

La estructura básica de consultas y las sentencias SELECT constituyen la base del análisis de datos en SQL. Todo analista de datos debe dominar estos fundamentos antes de pasar a operaciones más complejas. Exploremos cómo construir consultas efectivas y aprovechar el poder de las sentencias SELECT.

La sentencia SELECT es el caballo de batalla de las consultas SQL, permitiéndote recuperar y manipular datos de tu base de datos. En su forma más básica, una sentencia SELECT sigue una estructura simple: cláusulas SELECT, FROM y opcionalmente WHERE. Aunque esto pueda parecer sencillo, comprender los matices de estos elementos te permite escribir consultas más efectivas.

Comencemos con la forma más simple de una sentencia SELECT. SELECT * FROM nombre_tabla recupera todas las columnas de una tabla específica. Sin embargo, los analistas experimentados raramente usan SELECT * en código de producción, ya que se considera una mala práctica. En su lugar, listar explícitamente las columnas que necesitas mejora el rendimiento de la consulta y hace que tu código sea más mantenible. Por ejemplo, SELECT nombre, apellido, email FROM clientes es más preciso y eficiente.

La selección de columnas puede mejorarse con alias, que proporcionan nombres más legibles o significativos en tus resultados. La palabra clave AS crea estos alias: SELECT nombre AS nombre_pila, apellido AS apellido_familiar FROM clientes. Puedes omitir la palabra clave AS y simplemente usar un espacio entre el nombre de la columna y el alias, pero incluirla hace que tu código sea más legible.

Al trabajar con valores literales en tu sentencia SELECT, puedes incluirlos como constantes en tu conjunto de resultados. Por ejemplo, SELECT nombre, 'Activo' AS estado FROM clientes devolvería el nombre de cada cliente junto con la palabra "Activo" en cada fila. Esta técnica es particularmente útil cuando creas informes estandarizados o añades contexto a tus resultados.

Las operaciones aritméticas pueden realizarse directamente en la cláusula SELECT. Por ejemplo, SELECT nombre_producto, cantidad * precio AS valor_total FROM inventario calcula el valor total para cada artículo del inventario. SQL admite operadores aritméticos estándar: suma (+), resta (-), multiplicación (*) y división (/). Recuerda que la división por cero típicamente devolverá un error, por lo que puede que necesites manejar estos casos con funciones apropiadas.

La palabra clave DISTINCT elimina filas duplicadas de tus resultados. SELECT DISTINCT categoria FROM productos devuelve una lista de categorías únicas de productos. Esto es particularmente útil cuando necesitas entender el rango de valores en una columna o crear una lista de identificadores únicos. También puedes usar DISTINCT con múltiples columnas para encontrar combinaciones únicas de valores.

La concatenación de columnas te permite combinar múltiples columnas o cadenas en una sola salida. La sintaxis exacta varía según el sistema de base de datos, pero la mayoría admite el operador || o la función CONCAT. Por ejemplo, SELECT nombre || ' ' || apellido AS nombre_completo FROM clientes o SELECT CONCAT(nombre, ' ', apellido) AS nombre_completo FROM clientes crean un nombre completo a partir de columnas separadas.

La cláusula FROM especifica la fuente de datos para tu consulta. Si bien a menudo hace referencia a una sola tabla, también puede involucrar subconsultas (encerradas entre paréntesis y con un alias) o múltiples tablas unidas. La cláusula FROM es donde estableces el conjunto de datos base con el que trabajará tu sentencia SELECT.

Entender el orden de las operaciones en SQL es crucial. Aunque escribimos consultas comenzando con SELECT, el motor de la base de datos realmente procesa primero la cláusula FROM, seguida por

WHERE, GROUP BY, HAVING, SELECT y finalmente ORDER BY. Este conocimiento se vuelve particularmente importante al solucionar problemas de consultas complejas o optimizar el rendimiento.

Al seleccionar columnas, también puedes usar comodines con precaución. Por ejemplo, SELECT cliente_* FROM clientes seleccionaría todas las columnas que comienzan con "cliente_". Si bien esto puede ser conveniente durante el desarrollo, generalmente es mejor listar explícitamente las columnas en el código de producción.

Las expresiones de columna pueden incluir funciones que transforman o agregan datos. Funciones de cadena comunes como UPPER(), LOWER() y SUBSTRING() modifican datos de texto. Funciones de fecha como DATE_TRUNC() y EXTRACT() ayudan con el análisis temporal. Funciones numéricas como ROUND() y CEIL() manipulan números. Estas funciones pueden combinarse para crear expresiones complejas.

La sentencia SELECT también admite expresiones CASE, permitiendo lógica condicional en tus selecciones de columnas. Por ejemplo, SELECT nombre_producto, CASE WHEN precio > 100 THEN 'Premium' ELSE 'Estándar' END AS categoria FROM productos crea una columna categórica basada en valores de precio.

Comentar tu código SQL es esencial para el mantenimiento y la colaboración. Los comentarios de una línea comienzan con—mientras que los comentarios multilínea están encerrados en /* */. Los buenos comentarios explican el propósito de expresiones complejas o documentan suposiciones importantes sobre los datos.

Al trabajar con valores NULL en tu sentencia SELECT, recuerda que NULL representa la ausencia de un valor. La función COALESCE es particularmente útil aquí, permitiéndote especificar un valor predeterminado cuando se encuentra NULL. Por ejemplo, SELECT COALESCE(telefono, 'Sin Teléfono Registrado') FROM clientes asegura que los números de teléfono NULL sean reemplazados con un mensaje significativo.

Comprender cómo estructurar consultas básicas y usar sentencias SELECT de manera efectiva establece la base para operaciones SQL más avanzadas. A medida que progreses en tu carrera de análisis de datos, te encontrarás combinando estos conceptos fundamentales de formas cada vez más sofisticadas. Recuerda que la claridad y la mantenibilidad son tan importantes como la funcionalidad al escribir consultas SQL.

Practica escribiendo diferentes tipos de sentencias SELECT con varias combinaciones de columnas, expresiones y condiciones. Experimenta con diferentes tipos de datos y funciones para entender cómo se comportan. Lo más importante, siempre considera al usuario final de tu análisis al estructurar tus consultas y nombrar tus columnas de salida.

Capítulo 6: Filtrando Datos con Cláusulas WHERE

La cláusula WHERE es tu herramienta principal para filtrar datos en SQL, permitiéndote enfocar tu análisis en subconjuntos específicos de información que cumplen con tus criterios definidos. Como analistas de datos, frecuentemente trabajamos con conjuntos de datos grandes donde examinar cada registro sería poco práctico e innecesario. Entender cómo usar efectivamente las cláusulas WHERE es esencial para extraer información significativa de tus datos.

En su nivel más básico, la cláusula WHERE sigue a la cláusula FROM en tu consulta SQL y especifica las condiciones que debe cumplir una fila para ser incluida en los resultados. Estas condiciones pueden variar desde comparaciones simples hasta expresiones lógicas complejas. La sintaxis es sencilla, pero el poder radica en cómo combinas diferentes condiciones para identificar exactamente los datos que necesitas.

Los operadores de comparación forman la base del filtrado con WHERE. El operador de igualdad (=) busca coincidencias exactas, mientras que mayor que (>), menor que (<), mayor o igual que (>=) y menor o igual que (<=) comparan valores numéricos o fechas. El operador de desigualdad (<> o !=) excluye valores específicos. Por ejemplo, para encontrar todos los productos con precio superior a $100, escribirías: SELECT product_name, price FROM products WHERE price > 100.

Cuando trabajas con datos de texto, el operador LIKE se vuelve invaluable. Permite la coincidencia de patrones usando comodines, donde % representa cualquier número de caracteres y _ representa un solo carácter. Por ejemplo, para encontrar todos los clientes cuyos correos electrónicos son de Gmail, podrías escribir: SELECT * FROM customers WHERE email LIKE '%@gmail.com'. El % antes de

@gmail.com coincide con cualquier carácter que pueda aparecer en el prefijo del correo electrónico.

El operador IN proporciona una forma conveniente de verificar si un valor coincide con alguno en una lista de posibilidades. En lugar de escribir múltiples condiciones OR, puedes simplemente escribir WHERE status IN ('active', 'pending', 'new'). Esto hace que tu código sea más legible y a menudo tiene mejor rendimiento que las condiciones OR equivalentes. También puedes usar NOT IN para excluir registros que coincidan con cualquier valor en la lista.

El manejo de valores NULL requiere atención especial en las cláusulas WHERE. A diferencia de otros lenguajes de programación, SQL usa IS NULL e IS NOT NULL para verificar valores NULL. Esto es porque NULL representa la ausencia de un valor y no puede ser comparado usando operadores de comparación estándar. Por ejemplo, WHERE phone_number IS NULL encuentra todos los registros donde no se proporciona número de teléfono.

El operador BETWEEN simplifica las consultas de rangos al verificar si un valor cae dentro de un rango especificado, incluyendo los extremos. WHERE price BETWEEN 10 AND 50 es equivalente a WHERE price >= 10 AND price <= 50. Este operador funciona con números, fechas e incluso valores de texto, aunque las comparaciones de texto dependen de la configuración de cotejamiento de tu base de datos.

Los operadores lógicos AND, OR y NOT permiten combinar múltiples condiciones. AND requiere que ambas condiciones sean verdaderas, OR requiere que al menos una condición sea verdadera, y NOT niega una condición. Entender la precedencia de operadores es crucial aquí. AND tiene precedencia sobre OR, pero puedes usar paréntesis para controlar el orden de evaluación. Por ejemplo: WHERE (status = 'active' OR status = 'pending') AND creation_date >= '2023-01-01'.

El filtrado de fechas merece atención especial ya que es un requisito común en el análisis de datos. La mayoría de las bases de datos proporcionan funciones para extraer o manipular componentes de fecha. Podrías filtrar registros del año actual con WHERE EXTRACT(YEAR FROM created_date) = 2024 o encontrar registros de los últimos 30 días con WHERE created_date >= CURRENT_DATE - INTERVAL '30 days'.

Trabajar con subconsultas en cláusulas WHERE abre posibilidades poderosas de filtrado. Puedes usar los resultados de una consulta para filtrar otra. Por ejemplo, para encontrar clientes que han realizado compras por encima del valor promedio de pedido: WHERE order_amount > (SELECT AVG(order_amount) FROM orders). Estas subconsultas pueden devolver valores únicos, listas (con IN), o incluso estar correlacionadas con la consulta externa.

El operador EXISTS verifica si una subconsulta devuelve algún resultado, a menudo proporcionando una alternativa más eficiente a IN cuando se trabaja con grandes conjuntos de datos. Es particularmente útil cuando necesitas encontrar registros que tienen registros relacionados en otra tabla. Por ejemplo, encontrar clientes que han realizado al menos un pedido: WHERE EXISTS (SELECT 1 FROM orders WHERE orders.customer_id = customers.id).

Las consideraciones de rendimiento deben influir en cómo escribes las cláusulas WHERE. Los índices de base de datos pueden mejorar dramáticamente el rendimiento de las consultas, pero solo si tus condiciones están escritas de una manera que pueda utilizarlos. Evita usar funciones en columnas indexadas en cláusulas WHERE, ya que esto a menudo impide el uso del índice. Por ejemplo, WHERE UPPER(email) = 'TEST@EXAMPLE.COM' típicamente tiene peor rendimiento que WHERE email = 'test@example.com'.

Al filtrar datos de texto, ten en cuenta la sensibilidad a mayúsculas y minúsculas. Muchas bases de datos proporcionan operadores o funciones de comparación insensibles a mayúsculas y minúsculas. El operador ILIKE en PostgreSQL, por ejemplo, realiza coincidencia de patrones sin distinguir entre mayúsculas y minúsculas. Alternativamente, puedes usar las funciones UPPER() o LOWER() para normalizar mayúsculas y minúsculas, aunque como se mencionó, esto puede afectar el rendimiento.

Las expresiones regulares proporcionan capacidades avanzadas de coincidencia de patrones a través de los operadores REGEXP o SIMILAR TO (la sintaxis varía según la base de datos). Si bien son poderosas, deben usarse con prudencia ya que pueden ser computacionalmente costosas y pueden no utilizar los índices de manera efectiva.

El filtrado dinámico a menudo requiere construir cláusulas WHERE que manejen múltiples condiciones opcionales. Esto puede implicar usar expresiones COALESCE o CASE dentro de tu cláusula WHERE, o construir SQL dinámico. Por ejemplo, manejar un filtro de fecha opcional: WHERE created_date >= COALESCE(@start_date, created_date).

A medida que desarrolles tus habilidades en SQL, encontrarás que dominar las cláusulas WHERE es crucial para un análisis de datos efectivo. La capacidad de filtrar datos con precisión no solo mejora la exactitud de tu análisis sino que también mejora el rendimiento de las consultas al reducir la cantidad de datos que necesitan ser procesados. Recuerda siempre probar tus condiciones WHERE con datos de muestra para asegurarte de que están capturando exactamente lo que pretendes analizar.

Capítulo 7: Ordenando y Organizando Resultados

La clasificación y organización de resultados es una habilidad fundamental que transforma la salida bruta de consultas en información significativa y procesable. Al analizar datos, la forma en que se presenta la información puede ser tan importante como la información misma. SQL proporciona herramientas poderosas para controlar el orden y la organización de los resultados de consultas a través de las cláusulas ORDER BY y LIMIT, permitiendo a los analistas presentar datos de manera que faciliten la comprensión y la toma de decisiones.

• • • •

LA CLÁUSULA ORDER BY es el mecanismo principal para ordenar resultados en SQL. Aparece después de cualquier cláusula WHERE y antes de las cláusulas LIMIT, siguiendo una secuencia lógica donde los datos son primero filtrados, luego ordenados, y finalmente limitados si es necesario. La sintaxis básica es directa: simplemente especifique ORDER BY seguido de las columnas por las que desea ordenar. Por defecto, ORDER BY ordena en orden ascendente (ASC), aunque puede especificar explícitamente orden descendente (DESC) cuando sea necesario.

• • • •

CUANDO SE TRABAJA CON múltiples columnas en ORDER BY, la secuencia importa significativamente. Los resultados se ordenan por la primera columna especificada, luego dentro de esos resultados por la segunda columna, y así sucesivamente. Por ejemplo, si está analizando datos de ventas y escribe ORDER BY region, sale_date, amount, los resultados primero se organizarán por región, luego dentro de cada región por fecha, y finalmente por cantidad dentro de cada grupo de fecha. Esta clasificación jerárquica es particularmente útil para crear informes estructurados o analizar patrones a través de diferentes niveles categóricos.

• • • •

ORDENAR DATOS NUMÉRICOS es sencillo, pero la clasificación de texto puede ser más matizada. El comportamiento específico de ordenamiento para texto depende de la configuración de colación de su base de datos, que determina cómo se ordenan diferentes caracteres. Esto se vuelve particularmente importante cuando se maneja datos internacionales o caracteres especiales. Algunas bases de datos ofrecen ordenamiento específico de colación a través de funciones como COLLATE, permitiéndole controlar exactamente cómo se debe manejar la comparación y ordenamiento de texto.

• • • •

LOS VALORES NULL REQUIEREN consideración especial al ordenar. Por defecto, la mayoría de los sistemas de bases de datos colocan los valores NULL ya sea al principio o al final de los resultados ordenados, pero este comportamiento puede variar entre sistemas. SQL proporciona las cláusulas NULLS FIRST y NULLS LAST para controlar explícitamente el posicionamiento de NULL. Por ejemplo, ORDER BY revenue DESC NULLS LAST asegura que los valores NULL de ingresos aparezcan al final de sus resultados, después de que todos los valores no NULL hayan sido ordenados en orden descendente.

• • • •

LA CAPACIDAD DE ORDENAR por columnas calculadas o expresiones añade tremenda flexibilidad a la organización de resultados. Puede ordenar por los resultados de funciones o cálculos sin necesidad de incluir estos cálculos en su lista SELECT. Por ejemplo, ORDER BY EXTRACT(MONTH FROM date) ordena por mes independientemente del año, u ORDER BY price * quantity ordena por valor total incluso si este cálculo no se muestra directamente en los resultados.

• • • •

LA CLÁUSULA LIMIT (o TOP en algunas bases de datos) controla cuántas filas se devuelven en su conjunto de resultados. Si bien se usa principalmente para paginación o muestreo, LIMIT se vuelve particularmente poderoso cuando se combina con ORDER BY. Por ejemplo, para encontrar los 10 mejores clientes por ingresos, escribiría ORDER BY revenue DESC LIMIT 10. Esta combinación de ordenamiento y limitación es fundamental para crear listas clasificadas o enfocarse en los registros más significativos en su conjunto de datos.

• • • •

CUANDO SE TRATA DE empates en resultados ordenados, especialmente cuando se usa LIMIT, necesita considerar si columnas adicionales de ordenamiento podrían proporcionar un orden más significativo. Por ejemplo, si múltiples clientes tienen los mismos ingresos, agregar un ordenamiento secundario por nombre de cliente asegura un orden consistente: ORDER BY revenue DESC, customer_name ASC LIMIT 10. Esta previsibilidad se vuelve crucial cuando se construyen informes o aplicaciones que necesitan manejar datos consistentemente.

• • • •

LAS CONSIDERACIONES de rendimiento juegan un papel crucial en las operaciones de ordenamiento. Si bien los índices pueden mejorar significativamente el rendimiento de ORDER BY, no todas las operaciones de ordenamiento pueden utilizar índices efectivamente.

Ordenar por columnas calculadas o expresiones típicamente requiere una operación de ordenamiento en memoria o en disco, lo cual puede ser intensivo en recursos para grandes conjuntos de datos. Entender estas implicaciones ayuda a escribir consultas más eficientes y planificar la escalabilidad.

• • • •

EL ORDENAMIENTO ALEATORIO puede ser útil para muestreo o aleatorización de conjuntos de resultados. La mayoría de las bases de datos proporcionan funciones como RANDOM() o RAND() que pueden usarse con ORDER BY para lograr esto. Sin embargo, tenga en cuenta que estas funciones típicamente se calculan para cada fila, lo que puede impactar el rendimiento en grandes conjuntos de datos. Para un muestreo aleatorio eficiente, considere usar otras técnicas como tablesample o funciones de ventana.

• • • •

LAS FUNCIONES DE VENTANA abren posibilidades avanzadas de ordenamiento, permitiéndole acceder a datos ordenados y no ordenados simultáneamente. Si bien las funciones de ventana se cubren en detalle en capítulos posteriores, vale la pena notar su relación con el ordenamiento. La cláusula ORDER BY dentro de las funciones de ventana controla cómo se calculan cálculos como totales acumulados o promedios móviles, proporcionando herramientas poderosas para análisis de series temporales y cálculos acumulativos.

• • • •

AL PRESENTAR RESULTADOS ordenados a usuarios finales, especialmente a través de herramientas de inteligencia empresarial, considere cómo el orden de clasificación afecta la interpretación de datos. A veces, órdenes de clasificación contraintuitivos pueden hacer que los datos sean más significativos. Por ejemplo, ordenar porcentajes en orden ascendente puede tener más sentido para algunas métricas (como tasas de error) pero orden descendente para otras (como tasas de éxito).

• • • •

EL ORDENAMIENTO TEMPORAL para propósitos de análisis puede ser diferente del ordenamiento para presentación final. Durante el análisis, puede ordenar datos de múltiples formas para descubrir patrones o anomalías, mientras que la presentación final puede usar un orden de clasificación diferente que comunique mejor sus hallazgos. Entender esta distinción ayuda a desarrollar flujos de trabajo de análisis eficientes.

• • • •

LA CAPACIDAD DE ORDENAR y organizar resultados efectivamente no se trata solo de sintaxis técnica de SQL; se trata de hacer que los datos cuenten una historia clara. Los resultados bien organizados pueden revelar patrones que podrían estar ocultos en datos no ordenados, resaltar tendencias importantes, y hacer que los informes sean más legibles y procesables. A medida que desarrolla sus habilidades de SQL, experimente con diferentes enfoques de ordenamiento para encontrar las formas más efectivas de presentar sus hallazgos analíticos.

• • • •

RECUERDE QUE EL ORDENAMIENTO es a menudo solo el primer paso en una estrategia más amplia de presentación de datos. Combinado con otras características de SQL como agregación, agrupación y funciones de ventana, el ordenamiento efectivo ayuda a crear análisis completos y perspicaces que impulsan decisiones empresariales. La clave es pensar más allá de los patrones básicos de ordenamiento y considerar cómo diferentes estrategias de ordenamiento pueden iluminar diferentes aspectos de sus datos.

Capítulo 8: Introducción a las Funciones de Agregación

Las funciones de agregación constituyen la columna vertebral del análisis de datos en SQL, transformando datos sin procesar en resúmenes significativos que impulsan las decisiones empresariales. Estas potentes funciones permiten a los analistas condensar grandes conjuntos de datos en información procesable, revelando patrones y tendencias que serían imposibles de discernir a partir de registros individuales.

En su esencia, las funciones de agregación realizan cálculos a través de conjuntos de filas, devolviendo un único valor que representa alguna característica de ese grupo. Las funciones de agregación más comúnmente utilizadas son COUNT, SUM, AVG, MIN y MAX. Cada una sirve para un propósito analítico distinto, y entender cuándo usar cada una es crucial para un análisis de datos efectivo.

COUNT es quizás la función de agregación más directa, simplemente devolviendo el número de filas que coinciden con criterios específicos. Sin embargo, su simplicidad oculta su poder y flexibilidad. COUNT puede usarse con asterisco (COUNT(*)) para contar todas las filas, con columnas específicas para contar valores no nulos, o con DISTINCT para contar valores únicos. Por ejemplo, COUNT(DISTINCT customer_id) revela el número de clientes únicos en una tabla de transacciones, mientras que COUNT(*) muestra el número total de transacciones.

La función SUM suma valores numéricos a través de las filas, haciéndola invaluable para análisis financieros y métricas de rendimiento. Al trabajar con SUM, los analistas deben ser particularmente conscientes de los valores NULL, ya que se excluyen automáticamente del cálculo. Este comportamiento puede llevar a veces a resultados inesperados si no se tiene en cuenta adecuadamente.

Por ejemplo, sumar valores de pedidos donde algunos precios son NULL solo incluirá los valores no nulos, potencialmente subestimando los ingresos totales.

Los cálculos de promedio usando AVG proporcionan información sobre valores típicos dentro de tu conjunto de datos. Sin embargo, los promedios pueden ser engañosos sin contexto, particularmente cuando se trata de distribuciones sesgadas. Por esto los analistas experimentados a menudo usan AVG junto con otras funciones de agregación como MIN y MAX para proporcionar una imagen más completa de la distribución de datos. Considera analizar datos de salarios: un promedio por sí solo podría no revelar que unos pocos salarios muy altos están sesgando los resultados hacia arriba.

Las funciones MIN y MAX identifican los extremos en tu conjunto de datos, útiles para encontrar límites, valores atípicos y rangos. Estas funciones funcionan no solo con datos numéricos sino también con fechas y texto, siguiendo las reglas de cotejamiento de la base de datos. Para fechas, MIN encuentra la fecha más temprana mientras que MAX encuentra la más reciente. Con texto, encuentran los valores primero y último alfabéticamente.

Al trabajar con valores decimales, la precisión se vuelve importante en las funciones de agregación. La mayoría de las bases de datos permiten especificar la precisión de los resultados usando ROUND o funciones similares en conjunto con agregaciones. Esto es particularmente importante cuando se trata de cálculos financieros donde los errores de redondeo podrían acumularse en discrepancias significativas.

Las funciones de agregación ignoran los valores NULL por defecto, lo que puede ser tanto una característica como una potencial trampa. Entender este comportamiento es crucial para un análisis preciso. Por ejemplo, AVG(columna) calcula el promedio de todos los valores no nulos, mientras que COUNT(columna) cuenta solo las filas no nulas. Esta distinción se vuelve particularmente importante al analizar conjuntos de datos dispersos donde los valores NULL tienen significado.

Combinar múltiples funciones de agregación en una sola consulta proporciona información más rica. Por ejemplo, analizar datos de ventas podría involucrar calcular los ingresos totales (SUM), el valor promedio de pedido (AVG), número de pedidos (COUNT) y la compra individual más grande (MAX) todo a la vez. Esta vista integral ayuda a identificar patrones y anomalías que podrían no ser aparentes desde una única métrica.

Las funciones estadísticas como VARIANCE y STANDARD DEVIATION, disponibles en la mayoría de las bases de datos modernas, permiten un análisis estadístico más sofisticado directamente en SQL. Estas funciones ayudan a los analistas a entender la dispersión y distribución de sus datos, crucial para identificar valores atípicos y entender problemas de calidad de datos.

La agregación condicional usando declaraciones CASE dentro de funciones agregadas añade otra capa de capacidad analítica. Esta técnica permite crear agregaciones personalizadas basadas en condiciones específicas. Por ejemplo, podrías contar el número de pedidos en diferentes rangos de precios o sumar ingresos solo para categorías específicas de productos.

Al aplicar funciones de agregación a grandes conjuntos de datos, las consideraciones de rendimiento se vuelven importantes. Los índices pueden ayudar a mejorar el rendimiento, pero no todas las operaciones de agregación pueden beneficiarse de ellos. Entender los planes de ejecución y cómo tu base de datos procesa las agregaciones ayuda a escribir consultas más eficientes.

El verdadero poder de las funciones de agregación a menudo emerge cuando se combinan con cláusulas GROUP BY, que exploraremos en detalle en el próximo capítulo. Sin embargo, incluso sin agrupación, estas funciones proporcionan herramientas esenciales para resumir y entender tus datos. Transforman datos sin procesar en métricas que impulsan decisiones empresariales e informan la estrategia.

El manejo de errores en funciones de agregación requiere una consideración cuidadosa. ¿Qué debería suceder al dividir por cero o cuando todos los valores en un grupo son NULL? La mayoría de las bases de datos proporcionan formas de manejar estos casos extremos, como la función NULLIF o COALESCE, asegurando que tus análisis permanezcan robustos incluso con datos imperfectos.

A medida que los volúmenes de datos crecen, la importancia de la agregación eficiente se vuelve aún más crítica. Las bases de datos modernas a menudo proporcionan funciones de agregación aproximadas para escenarios donde no se requiere precisión absoluta pero el rendimiento es crucial. Funciones como el conteo distinto aproximado pueden proporcionar beneficios significativos de rendimiento con un impacto mínimo en la precisión.

Dominar las funciones de agregación es más que solo conocer la sintaxis; se trata de entender qué funciones usar en diferentes escenarios analíticos y cómo combinarlas efectivamente para responder preguntas empresariales. A medida que desarrolles tus habilidades en SQL, encontrarás que estas funciones se convierten en una parte cada vez más esencial de tu conjunto de herramientas analíticas.

Capítulo 9: Agrupando Datos de Manera Significativa

La agrupación de datos transforma registros individuales en segmentos significativos que revelan patrones y tendencias en tu conjunto de datos. Mientras que las funciones de agregación nos ayudan a resumir datos, la agrupación nos permite realizar estos cálculos a través de distintas categorías, dimensiones o períodos de tiempo relevantes para nuestro análisis.

La cláusula GROUP BY sirve como base para el análisis segmentado en SQL. Cuando agrupas datos, básicamente le estás diciendo a la base de datos que cree contenedores separados para tus registros basados en una o más columnas, y luego realice cálculos dentro de cada uno de esos contenedores. Esta poderosa capacidad permite a los analistas responder preguntas como "¿Cuáles son las ventas totales por región?" o "¿Cuántos clientes tenemos en cada grupo de edad?"

Entender la relación entre GROUP BY y las declaraciones SELECT es crucial para una agrupación efectiva. Cualquier columna que aparezca en tu declaración SELECT debe estar incluida en la cláusula GROUP BY o estar envuelta en una función de agregación. Esta regla asegura que tus resultados agrupados tengan sentido lógico. Por ejemplo, si estás agrupando ventas por región, no puedes seleccionar nombres individuales de clientes sin agregarlos, ya que podría haber múltiples clientes por región.

El orden de las operaciones en una consulta agrupada es significativamente importante. La base de datos primero aplica cualquier condición WHERE, luego agrupa los datos filtrados, y finalmente aplica las condiciones HAVING a los resultados agrupados. Esta secuencia permite filtrar tanto a nivel de registro individual como a nivel de grupo, proporcionando un control preciso sobre tu análisis.

La agrupación por múltiples columnas crea segmentos jerárquicos en tus datos. Por ejemplo, agrupar ventas por año, luego por trimestre, luego por región crea un desglose detallado que muestra patrones en varios niveles de granularidad. Cada columna adicional de agrupación multiplica el número de filas de resultado, por lo que los analistas deben equilibrar el deseo de detalle con la necesidad de obtener perspectivas significativas.

Al trabajar con datos agrupados, los valores NULL crean su propio grupo. Este comportamiento puede ser útil o problemático dependiendo de tus necesidades de análisis. Algunos analistas eligen manejar los valores NULL antes de agrupar usando COALESCE o funciones similares para asegurar que no creen grupos separados no deseados.

La cláusula HAVING actúa como un filtro para resultados agrupados, similar a cómo WHERE filtra filas individuales. Sin embargo, HAVING puede hacer referencia a funciones de agregación, mientras que WHERE no puede. Esta distinción es crucial para filtrar basándose en características de grupo. Por ejemplo, podrías usar WHERE para filtrar transacciones individuales por debajo de cierto valor, pero HAVING para filtrar grupos de clientes con menos de un gasto total mínimo.

Las aplicaciones prácticas de la agrupación se extienden mucho más allá de simples resúmenes. La segmentación de clientes, el análisis de categorías de productos y las comparaciones de rendimiento regional dependen en gran medida de estrategias efectivas de agrupación. Considera un análisis minorista donde agrupas transacciones por segmento de cliente, categoría de producto y temporada para entender patrones de compra a través de diferentes dimensiones.

La agrupación basada en tiempo presenta desafíos y oportunidades únicos. Las bases de datos ofrecen varias funciones para agrupar por diferentes períodos de tiempo, como extraer años, trimestres o meses de fechas. Estas funciones permiten el análisis de tendencias y comparaciones estacionales. Sin embargo, los analistas deben tener cuidado de manejar las diferencias de zona horaria y los formatos de fecha de manera consistente.

La agrupación de datos de texto a menudo requiere limpieza o estandarización antes del análisis. Las inconsistencias en mayúsculas, variaciones de ortografía o espacios extra pueden crear grupos separados innecesarios. Los analistas experimentados típicamente limpian y estandarizan los campos de texto antes de agrupar para asegurar resultados significativos.

Al agrupar datos numéricos, considera crear contenedores o rangos para hacer el análisis más significativo. En lugar de agrupar por edad exacta, por ejemplo, podrías crear rangos de edad como 18-25, 26-35, etc. Este enfoque a menudo revela patrones que estarían ocultos por una agrupación demasiado granular.

Las consideraciones de rendimiento se vuelven cruciales al agrupar grandes conjuntos de datos. Los índices en columnas de agrupación pueden mejorar significativamente el rendimiento de las consultas. Sin embargo, agrupar por demasiadas columnas o realizar cálculos complejos dentro de grupos puede sobrecargar los recursos de la base de datos. Entender estos compromisos ayuda a diseñar análisis eficientes.

Las extensiones ROLLUP y CUBE de GROUP BY, disponibles en muchos sistemas de bases de datos, proporcionan cálculos automáticos de subtotales y totales generales. Estas características ahorran tiempo al crear informes de resumen que requieren múltiples niveles de agregación. Sin embargo, deben usarse con prudencia ya que pueden hacer que los resultados sean más complejos de interpretar.

Las funciones de concatenación de grupo, aunque implementadas de manera diferente en distintos sistemas de bases de datos, permiten combinar valores dentro de grupos en listas. Esta capacidad es particularmente útil cuando necesitas mantener el detalle mientras sigues agrupando datos. Por ejemplo, listar todos los nombres de productos dentro de cada categoría mientras se analiza a nivel de categoría.

El manejo de errores en consultas agrupadas requiere atención cuidadosa. ¿Qué debe suceder cuando las operaciones de división en cálculos agrupados encuentran denominadores cero? ¿Cómo deberías manejar grupos donde todos los valores son NULL? Construir consultas agrupadas robustas significa anticipar y manejar estos casos límite apropiadamente.

El verdadero poder de la agrupación emerge cuando se combina con otras características de SQL como funciones de ventana y subconsultas. Mientras que GROUP BY proporciona grupos estáticos, las funciones de ventana pueden crear grupos móviles o cálculos continuos. Entender cuándo usar cada enfoque expande significativamente tus capacidades analíticas.

A medida que los conjuntos de datos crecen y las necesidades de análisis se vuelven más complejas, las estrategias efectivas de agrupación se vuelven cada vez más importantes. El análisis de datos moderno a menudo requiere una agrupación flexible que pueda adaptarse a preguntas comerciales cambiantes mientras mantiene el rendimiento y la precisión. Dominar estas técnicas te transforma de alguien que puede consultar datos en alguien que puede derivar perspectivas significativas de ellos.

Capítulo 10: Trabajando con Múltiples Tablas: Operaciones JOIN

Trabajar con múltiples tablas es una habilidad fundamental que distingue a los usuarios principiantes de SQL de los analistas de datos competentes. En escenarios reales, los datos que necesitamos raramente existen en una única tabla perfectamente organizada. En cambio, la información típicamente se distribuye entre múltiples tablas, cada una sirviendo un propósito específico en el esquema de la base de datos.

Las operaciones de unión nos permiten combinar datos de diferentes tablas basándonos en columnas relacionadas, creando una vista unificada que sirve a nuestras necesidades analíticas. Piense en las uniones como puentes entre islas de datos, permitiéndonos conectar información de clientes con sus pedidos, productos con sus categorías, o empleados con sus departamentos.

El concepto de relaciones entre tablas forma la base de las operaciones de unión. La mayoría de las bases de datos están diseñadas utilizando un modelo relacional, donde las tablas están conectadas a través de claves primarias y foráneas. Una clave primaria identifica de manera única cada registro en una tabla, mientras que las claves foráneas hacen referencia a claves primarias en otras tablas, estableciendo relaciones entre ellas.

Considere una base de datos típica de comercio electrónico donde los datos de clientes residen en una tabla, los pedidos en otra y los detalles de pedidos en una tercera. Sin uniones, nos resultaría difícil responder preguntas aparentemente simples como "¿Cuál es el gasto total por cliente?" o "¿Qué productos son más populares en cada segmento de clientes?" Las uniones hacen posibles estos análisis al reunir las piezas relevantes de información.

En su esencia, las operaciones de unión comparan valores entre columnas específicas en diferentes tablas. Cuando estos valores coinciden según la condición de unión, las filas correspondientes se combinan en el conjunto de resultados. La sintaxis para las uniones básicas sigue un patrón lógico: especificar la tabla principal, el tipo de unión, la tabla con la que unir y las condiciones que definen cómo deben conectarse las tablas.

El proceso de coincidencia en las uniones puede visualizarse como una comparación de cada fila en una tabla contra cada fila en otra tabla. Cuando se encuentra una coincidencia basada en la condición de unión, esas filas se combinan. Este proceso resalta la importancia de tener datos limpios y consistentes en sus columnas de unión para asegurar resultados precisos.

Entender la cardinalidad, la relación entre registros en tablas unidas, es crucial para predecir y validar los resultados de la unión. Las relaciones uno a uno significan que cada registro en la primera tabla coincide exactamente con un registro en la segunda tabla. Las relaciones uno a muchos, más comunes en la práctica, indican que un registro en la primera tabla puede coincidir con múltiples registros en la segunda tabla. Las relaciones muchos a muchos típicamente requieren tablas de unión intermedias para implementarse correctamente.

Las condiciones de unión no están limitadas a simples comparaciones de igualdad. Si bien la coincidencia de valores exactos es lo más común, las uniones también pueden usar operadores mayor que, menor que u otros operadores de comparación. Estas uniones no equi-join son particularmente útiles cuando se comparan rangos de valores o se encuentran relaciones basadas en condiciones complejas.

Las consideraciones de rendimiento se vuelven críticas al unir tablas. Cada unión adicional multiplica el número potencial de comparaciones que la base de datos debe realizar. La indexación adecuada de las columnas de unión, las condiciones de unión eficientes y la consideración cuidadosa del orden de unión pueden impactar significativamente en el rendimiento de la consulta. Los analistas experimentados aprenden a equilibrar la necesidad de combinación exhaustiva de datos con los requisitos de rendimiento.

El arte de unir tablas se extiende más allá de simplemente conectar datos. Los analistas deben considerar cómo manejar escenarios donde los registros coincidentes no existen en todas las tablas. ¿Deberían estos registros ser excluidos de los resultados? ¿Deberían incluirse con valores nulos para los campos no coincidentes? Estas decisiones impactan significativamente en los resultados del análisis y deben alinearse con los requisitos del negocio.

Los errores comunes en las operaciones de unión incluyen multiplicar registros involuntariamente debido a relaciones uno a muchos, perder datos debido a registros no coincidentes, o crear productos cartesianos a través de condiciones de unión incorrectas. Comprender estos problemas potenciales ayuda a los analistas a diseñar consultas que produzcan resultados precisos y significativos.

Las operaciones de unión a menudo interactúan con otras características de SQL de manera compleja. Las agregaciones en datos unidos deben tener en cuenta la granularidad de cada tabla. Las subconsultas podrían ser necesarias para preparar datos antes de unirlos. Las funciones de ventana podrían necesitar operar sobre resultados unidos. Comprender estas interacciones permite a los analistas resolver problemas analíticos sofisticados.

Los problemas de calidad de datos a menudo se hacen evidentes durante las operaciones de unión. Las claves no coincidentes, los formatos de datos inconsistentes o los registros duplicados pueden hacer que las uniones fallen o produzcan resultados incorrectos. Los analistas exitosos desarrollan estrategias para identificar y manejar estos problemas, a menudo incorporando pasos de limpieza de datos antes de intentar uniones complejas.

Las bases de datos modernas ofrecen varias optimizaciones para operaciones de unión, incluyendo uniones hash, uniones merge y uniones de bucle anidado. Si bien los analistas no necesitan ser expertos en estos detalles de implementación, comprender los conceptos básicos ayuda a escribir consultas más eficientes y solucionar problemas de rendimiento.

La capacidad de unir tablas efectivamente abre innumerables posibilidades analíticas. Los cálculos del valor de vida del cliente pueden requerir unir pedidos históricos con perfiles de clientes. El análisis de afinidad de productos puede necesitar conectar detalles de transacciones con categorías de productos. La efectividad de campañas de marketing puede involucrar unir respuestas de clientes con detalles de campaña.

A medida que los volúmenes de datos crecen y las preguntas comerciales se vuelven más complejas, el dominio de las operaciones de unión se vuelve cada vez más valioso. La capacidad de combinar correcta y eficientemente datos de múltiples fuentes transforma datos brutos en información procesable, permitiendo a los analistas responder preguntas comerciales sofisticadas y impulsar la toma de decisiones basada en datos.

Capítulo 11: Análisis Profundo de INNER JOIN

INNER JOIN es considerado a menudo el tipo de unión fundamental en SQL, y dominar sus complejidades es crucial para cualquier analista de datos. Si bien puede parecer sencillo a primera vista, hay numerosos aspectos sutiles y técnicas poderosas que pueden elevar tus capacidades de análisis de datos.

En su esencia, INNER JOIN crea un conjunto de resultados que incluye solo las filas donde existen valores coincidentes en ambas tablas que se están uniendo. Piensa en ello como encontrar la intersección entre dos conjuntos de datos. Cuando se realiza un inner join entre dos tablas, cualquier fila que no tenga coincidencias correspondientes se excluye de los resultados, lo que hace que INNER JOIN sea particularmente útil cuando quieres asegurar la completitud de datos en tu análisis.

Exploremos un escenario común en análisis minorista. Considera el análisis de patrones de compra de clientes donde tienes una tabla de clientes y una tabla de transacciones. Un INNER JOIN entre estas tablas te mostraría solo los clientes que han realizado compras, excluyendo automáticamente aquellos que aún no han comprado nada. Este comportamiento es exactamente lo que deseas al calcular métricas como el valor promedio de compra o la frecuencia de compra del cliente.

El proceso de coincidencia en INNER JOIN sigue reglas estrictas. La condición de unión, especificada en la cláusula ON, debe evaluarse como verdadera para que las filas se incluyan en el conjunto de resultados. Si bien las comparaciones de igualdad son las más comunes, INNER JOIN admite varios operadores de comparación. Podrías unir en condiciones mayor que o menor que cuando trabajas con rangos de fechas, o usar expresiones lógicas complejas combinando múltiples condiciones con operadores AND y OR.

Uno de los aspectos más poderosos de INNER JOIN es su capacidad para encadenar múltiples uniones. Cada unión subsiguiente opera sobre el conjunto de resultados de las uniones anteriores, permitiéndote navegar a través de relaciones de datos complejas. Sin embargo, este poder viene con responsabilidad. Cada unión adicional puede impactar significativamente el rendimiento de la consulta y potencialmente introducir anomalías en los datos si no se maneja con cuidado.

Comprender la optimización del orden de las uniones es crucial cuando se trabaja con múltiples INNER JOINs. Si bien los motores de bases de datos modernos generalmente son buenos optimizando automáticamente el orden de las uniones, saber cómo estructurar tus uniones puede marcar una diferencia significativa en el rendimiento de las consultas. Comenzar con las tablas más grandes o aquellas con las condiciones más selectivas a menudo produce mejor rendimiento.

El comportamiento de INNER JOIN con valores NULL requiere atención especial. Cuando las columnas de unión contienen valores NULL, estas filas no coincidirán durante un INNER JOIN, incluso si los valores NULL aparecen en ambas tablas. Esta característica puede ser beneficiosa o problemática dependiendo de tus requisitos de análisis. A veces, podrías necesitar manejar valores NULL explícitamente usando funciones COALESCE o ISNULL en tus condiciones de unión.

Los problemas de calidad de datos a menudo se vuelven más evidentes cuando se usa INNER JOIN. Dado que requiere valores coincidentes, cualquier inconsistencia en tus datos como errores ortográficos, diferencias de mayúsculas y minúsculas, o variaciones de formato causará que las filas sean excluidas. Esto hace que INNER JOIN sea una excelente herramienta para la evaluación de la calidad de datos, ayudándote a identificar áreas donde podría ser necesaria una limpieza de datos.

El concepto de condiciones de unión compuestas merece atención especial. A veces, necesitas hacer coincidir registros basándote en múltiples columnas simultáneamente. Por ejemplo, unir detalles de pedidos podría requerir hacer coincidir tanto el ID del pedido como el ID del producto para asegurar relaciones correctas. INNER JOIN maneja estas situaciones elegantemente permitiendo múltiples condiciones en la cláusula ON.

Un error común con INNER JOIN involucra la creación inadvertida de productos cartesianos cuando las condiciones de unión son demasiado flexibles. Esto ocurre cuando la condición de unión no restringe adecuadamente la relación entre tablas, resultando en una explosión de filas en tu conjunto de resultados. Siempre valida tus condiciones de unión y verifica que el número de filas en tu resultado tenga sentido lógico.

La optimización del rendimiento para INNER JOIN típicamente se centra en la indexación adecuada de las columnas de unión. Tener índices apropiados puede mejorar dramáticamente el rendimiento de la unión al reducir el número de comparaciones que el motor de base de datos necesita hacer. Sin embargo, el exceso de indexación puede ralentizar las modificaciones de datos y aumentar los requisitos de almacenamiento, por lo que encontrar el equilibrio correcto es importante.

INNER JOIN funciona bien con funciones de agregación y cláusulas GROUP BY, pero debes ser consciente de la granularidad de tus datos. Unir tablas antes de agregar puede cambiar tus resultados en comparación con agregar primero y luego unir. Comprender estas interacciones ayuda a asegurar que tus análisis produzcan resultados precisos.

Las técnicas avanzadas con INNER JOIN incluyen auto-uniones, donde una tabla se une consigo misma para analizar relaciones jerárquicas o secuenciales. Esto es particularmente útil para estructuras organizacionales, jerarquías de productos o análisis basado en tiempo de eventos secuenciales.

Cuando se trabaja con grandes conjuntos de datos, la naturaleza selectiva de INNER JOIN puede ser ventajosa para el rendimiento. Al excluir filas no coincidentes temprano en la ejecución de la consulta, puede reducir la cantidad de datos que necesitan ser procesados por operaciones subsiguientes. Esto hace que INNER JOIN sea una opción eficiente cuando sabes que solo necesitas registros coincidentes.

La capacidad de combinar INNER JOIN con subconsultas añade otra capa de flexibilidad a tu análisis. Podrías unir a una tabla derivada que pre-agrega datos o aplica lógica de filtrado compleja. Esta técnica a menudo puede simplificar análisis complejos y mejorar el rendimiento de las consultas al reducir la cantidad de datos que se están uniendo.

Comprender cómo INNER JOIN interactúa con niveles de aislamiento de transacciones y modificaciones concurrentes de datos es importante en entornos de producción. Si bien esto podría parecer más relevante para administradores de bases de datos, los analistas deben ser conscientes de cómo estos factores pueden afectar los resultados y la fiabilidad de las consultas.

El dominio de INNER JOIN se extiende más allá de la competencia técnica hasta la comprensión de sus implicaciones analíticas. Saber cuándo usar INNER JOIN versus otros tipos de uniones se convierte en una parte importante de tu conjunto de herramientas analíticas, influenciando cómo abordas diferentes preguntas de negocio y asegurando que tus análisis proporcionen información precisa y significativa.

Capítulo 12: Dominio de LEFT y RIGHT JOIN

Los JOINs LEFT y RIGHT representan herramientas esenciales en el arsenal del analista de datos, ofreciendo formas poderosas de manejar escenarios donde necesitamos conservar todos los registros de una tabla mientras los emparejamos con registros relacionados de otra. Comprender estos joins a fondo transforma nuestra forma de abordar los problemas de análisis de datos y nos permite responder preguntas comerciales complejas.

LEFT JOIN, también conocido como LEFT OUTER JOIN, mantiene todos los registros de la tabla izquierda (la que se especifica primero en la consulta) y los empareja con registros de la tabla derecha cuando es posible. Cuando no existe coincidencia, el resultado aún incluye el registro de la tabla izquierda con valores NULL para las columnas de la tabla derecha. Este comportamiento hace que LEFT JOIN sea particularmente valioso al analizar escenarios donde necesitamos comprender tanto la presencia como la ausencia de relaciones.

Considere un análisis de participación de clientes donde queremos examinar todos los clientes, incluidos aquellos que no han realizado compras. Usar un LEFT JOIN entre la tabla de clientes y la tabla de pedidos asegura que conservemos todos los registros de clientes, permitiéndonos identificar clientes inactivos o analizar tasas de activación de clientes. Este tipo de análisis sería imposible con un INNER JOIN, que excluiría a los clientes sin pedidos.

RIGHT JOIN funciona de manera similar pero en la dirección opuesta, manteniendo todos los registros de la tabla derecha y emparejándolos con registros de la tabla izquierda cuando es posible. Si bien RIGHT JOIN es funcionalmente equivalente a LEFT JOIN (siempre puede reescribir un RIGHT JOIN como LEFT JOIN cambiando el orden de las tablas), muchos analistas prefieren usar LEFT JOIN consistentemente para una mejor legibilidad y mantenimiento del código.

La elección entre LEFT y RIGHT JOIN a menudo depende de su perspectiva analítica. Cuando se examina datos desde el punto de vista de una entidad principal (como clientes o productos), LEFT JOIN típicamente proporciona un enfoque más intuitivo. Esta consistencia en la dirección del join hace que las consultas sean más fáciles de entender y mantener, especialmente en análisis complejos que involucran múltiples joins.

Entender cómo estos joins manejan los valores NULL es crucial para un análisis preciso. Cuando la columna de unión en la tabla derecha contiene valores NULL, estos no coincidirán con valores no NULL en la tabla izquierda. Sin embargo, si está uniendo en una columna donde NULL debe coincidir con NULL, necesitará manejar esto explícitamente en su condición de join usando comparaciones IS NULL.

Una aplicación común de LEFT JOIN involucra crear secuencias completas de fechas o números. Al unir una secuencia generada de fechas con datos de transacciones, los analistas pueden asegurar que su análisis de series temporales incluya todas las fechas, incluso aquellas sin transacciones. Esta técnica es invaluable para reportes y visualización, donde los vacíos en los datos necesitan ser mostrados explícitamente en lugar de omitidos.

Las consideraciones de rendimiento se vuelven particularmente importantes cuando se trabaja con LEFT y RIGHT JOINs en grandes conjuntos de datos. A diferencia de INNER JOIN, que puede eliminar filas sin coincidencia temprano en la ejecución de la consulta, los joins externos deben procesar todos los registros de la tabla preservada. La indexación adecuada y la optimización de condiciones de join se vuelven cruciales para mantener un rendimiento aceptable de las consultas.

La combinación de joins externos con funciones de agregación requiere atención especial a la granularidad. Al agregar datos después de un LEFT JOIN, los valores NULL de filas sin coincidencia necesitan ser manejados apropiadamente. Las funciones COALESCE o ISNULL a menudo entran en juego aquí, asegurando que las agregaciones produzcan resultados significativos incluso cuando se trata de registros sin coincidencia.

Múltiples LEFT JOINs pueden encadenarse para responder preguntas analíticas complejas. Por ejemplo, podría necesitar analizar el comportamiento del cliente a través de múltiples dimensiones, uniendo datos de clientes con pedidos, luego con categorías de productos y finalmente con datos de campañas de marketing. Cada join preserva todos los registros del conjunto de resultados anterior, construyendo una vista integral de su panorama de datos.

Una técnica poderosa involucra usar LEFT JOIN para identificar relaciones faltantes o problemas de calidad de datos. Al comparar el número de registros coincidentes versus no coincidentes, los analistas pueden identificar rápidamente problemas potenciales en sus datos. Esto hace que LEFT JOIN sea una herramienta invaluable para la evaluación y monitoreo de la calidad de datos.

Las subconsultas en condiciones de LEFT JOIN ofrecen flexibilidad adicional para análisis complejos. Podría necesitar unir basándose en el registro más reciente para cada entidad o aplicar lógica de filtrado compleja. La capacidad de incorporar subconsultas en condiciones de join extiende las capacidades analíticas de LEFT JOIN más allá de relaciones simples uno a muchos.

Cuando se trabaja con estructuras de datos jerárquicas, LEFT JOIN resulta particularmente útil para manejar relaciones padre-hijo donde algunos nodos podrían no tener hijos. Este escenario aparece comúnmente en estructuras organizacionales, categorías de productos o jerarquías geográficas. La preservación de todos los registros padre asegura una representación completa de la jerarquía.

Entender la interacción entre LEFT JOIN y las cláusulas WHERE es crucial para un análisis preciso. Las condiciones de filtrado en la cláusula WHERE aplicadas a la tabla derecha pueden efectivamente transformar un LEFT JOIN en un INNER JOIN si no se manejan cuidadosamente. Mover tales condiciones a la cláusula ON en su lugar mantiene el comportamiento del join externo mientras aún aplica los filtros necesarios.

El concepto de "anti-joins" usando LEFT JOIN merece atención especial. Al combinar LEFT JOIN con una cláusula WHERE que verifica valores NULL en las columnas de la tabla derecha, los analistas pueden identificar registros que no tienen coincidencias. Esta técnica resulta invaluable para encontrar excepciones o brechas en relaciones entre conjuntos de datos.

A medida que los requerimientos de análisis de datos se vuelven más complejos, dominar LEFT y RIGHT JOINs se vuelve cada vez más importante. Estos tipos de join permiten a los analistas manejar datos faltantes apropiadamente, asegurar períodos de reporte completos e identificar problemas de calidad de datos. Su aplicación adecuada a menudo marca la diferencia entre análisis incompletos e insights comprensivos que impulsan decisiones de negocio.

Capítulo 13: Aplicaciones de FULL y CROSS JOIN

Los FULL y CROSS JOIN representan técnicas avanzadas de unión que, cuando se utilizan apropiadamente, pueden resolver desafíos analíticos únicos. Si bien se usan con menos frecuencia que los INNER y LEFT JOIN, comprender estos tipos de uniones amplía nuestras capacidades analíticas y proporciona soluciones para escenarios específicos de análisis de datos.

FULL JOIN, también conocido como FULL OUTER JOIN, combina los efectos de los JOIN tanto LEFT como RIGHT. Devuelve todos los registros de ambas tablas, emparejándolos cuando es posible y rellenando con valores NULL donde no existe coincidencia. Este enfoque integral de unión resulta particularmente valioso al analizar la integridad de los datos o cuando necesitamos asegurar que no se pierda ningún punto de datos de ningún lado de la relación.

Consideremos un escenario donde estamos analizando la efectividad de campañas de marketing a través de múltiples canales. Algunas campañas podrían existir en nuestra tabla de campañas sin datos de respuesta correspondientes, mientras que algunos datos de respuesta podrían hacer referencia a campañas que ya no están en nuestra tabla de campañas. Un FULL JOIN entre estas tablas asegura que capturemos todas las actividades de campaña, independientemente de la integridad de los datos en cualquier tabla.

El poder del FULL JOIN se hace evidente en tareas de reconciliación de datos. Al comparar conjuntos de datos de diferentes fuentes o períodos de tiempo, FULL JOIN ayuda a identificar discrepancias mostrando registros coincidentes y no coincidentes de ambos lados. Esto lo convierte en una herramienta invaluable para la evaluación de la calidad de datos y la validación de migración de sistemas.

CROSS JOIN, por otro lado, genera un producto cartesiano entre dos tablas, combinando cada fila de la primera tabla con cada fila de la segunda tabla. Si bien esto podría parecer inicialmente menos útil, CROSS JOIN sirve para propósitos analíticos específicos, particularmente en la generación de conjuntos de datos combinatorios o la creación de tablas de referencia.

Una aplicación común de CROSS JOIN involucra la creación de tablas de dimensión de fechas. Al cruzar un rango de años con meses y días, los analistas pueden generar tablas de calendario completas para análisis de series temporales. Esta técnica resulta especialmente útil al construir almacenes de datos o crear períodos de informes estandarizados.

Las consideraciones de rendimiento se vuelven cruciales al trabajar con CROSS JOIN. Dado que generan todas las combinaciones posibles entre tablas, el tamaño del conjunto de resultados es igual al producto de los recuentos de filas de ambas tablas. Este crecimiento exponencial significa que los CROSS JOIN deben usarse con prudencia, típicamente con tablas de búsqueda más pequeñas o conjuntos de datos cuidadosamente filtrados.

El rendimiento del FULL JOIN también requiere atención, particularmente al trabajar con grandes conjuntos de datos. Dado que el motor de base de datos debe preservar todos los registros de ambas tablas y verificar coincidencias, se vuelve crucial una indexación adecuada de las columnas de unión. Comprender los planes de ejecución ayuda a optimizar estas consultas para un mejor rendimiento.

La combinación de FULL JOIN con funciones de agregación abre posibilidades analíticas poderosas. Al analizar métricas comerciales a través de diferentes sistemas o períodos de tiempo, FULL JOIN asegura que no se pierdan puntos de datos mientras permite agregaciones significativas incluso en presencia de valores NULL. El manejo cuidadoso de estos valores NULL, a menudo a través de COALESCE o funciones similares, asegura resultados precisos.

CROSS JOIN encuentra aplicaciones interesantes en análisis estadísticos y cálculos de probabilidad. Al generar todas las combinaciones posibles de eventos o crear conjuntos de datos de simulación, CROSS JOIN proporciona una solución elegante. Por ejemplo, analizar todas las combinaciones posibles de productos y segmentos de clientes para análisis de mercado se vuelve sencillo con CROSS JOIN.

Ambos tipos de uniones interactúan de manera interesante con cláusulas WHERE y condiciones de filtrado. Con FULL JOIN, las condiciones de filtrado necesitan una ubicación cuidadosa ya sea en la cláusula ON o WHERE, dependiendo de si queremos filtrar antes o después de la operación de unión. El filtrado de CROSS JOIN típicamente ocurre después de la unión, reduciendo el producto cartesiano a las combinaciones relevantes.

Las técnicas analíticas avanzadas a menudo combinan estas uniones con otras características de SQL. Por ejemplo, usar FULL JOIN con funciones de ventana permite un análisis sofisticado de brechas entre conjuntos de datos. CROSS JOIN combinado con agregación puede generar totales acumulados o promedios móviles a través de todas las combinaciones posibles de categorías.

El análisis de calidad de datos se beneficia significativamente de las capacidades del FULL JOIN. Al comparar conjuntos de datos de diferentes fuentes o períodos de tiempo, los analistas pueden identificar rápidamente desajustes, brechas o inconsistencias. Esto hace que FULL JOIN sea particularmente valioso en procesos de gobierno de datos y aseguramiento de la calidad.

La aplicación de FULL y CROSS JOIN en análisis temporal merece especial atención. Al analizar eventos o transacciones a través de diferentes períodos de tiempo, estas uniones ayudan a asegurar una cobertura completa de la dimensión temporal mientras manejan adecuadamente puntos de datos faltantes o superpuestos.

Comprender cómo estas uniones manejan los valores NULL se vuelve crucial para un análisis preciso. FULL JOIN trata los valores NULL de manera similar a LEFT y RIGHT JOIN, pero con la complejidad adicional de manejarlos desde ambas tablas. CROSS JOIN, por su naturaleza, típicamente no trata con valores NULL en la operación de unión misma, pero puede necesitar manejarlos en cálculos posteriores.

La combinación de FULL JOIN con subconsultas proporciona soluciones poderosas para problemas analíticos complejos. Por ejemplo, comparar instantáneas actuales e históricas de datos mientras se asegura que todos los registros de ambos períodos de tiempo estén incluidos se vuelve sencillo con FULL JOIN y subconsultas estructuradas adecuadamente.

Estos tipos de uniones avanzadas, si bien no son tan comúnmente usados como sus contrapartes INNER y LEFT JOIN, representan herramientas esenciales en el conjunto de herramientas del analista de datos. Su aplicación adecuada a menudo marca la diferencia entre un análisis parcial y completo, particularmente en escenarios que involucran evaluación de calidad de datos, informes exhaustivos o cálculos estadísticos complejos.

Capítulo 14: Subconsultas: Lo Básico

Las subconsultas representan una de las características más poderosas en SQL, permitiendo a los analistas anidar consultas dentro de otras consultas para resolver problemas analíticos complejos. Al comprender cómo usar efectivamente las subconsultas, los analistas pueden abordar desafíos sofisticados de análisis de datos que serían difíciles o imposibles de resolver solo con consultas simples.

Una subconsulta, también conocida como consulta anidada o consulta interna, es una consulta contenida dentro de otra sentencia SQL. La consulta externa utiliza los resultados de la consulta interna como parte de su ejecución. Las subconsultas pueden devolver valores únicos, listas de valores o conjuntos completos de resultados, haciéndolas increíblemente versátiles para diferentes escenarios analíticos.

La forma más simple de subconsulta aparece en la cláusula WHERE, típicamente comparando un valor contra el resultado de otra consulta. Por ejemplo, cuando analizamos el rendimiento de ventas, podríamos querer encontrar todas las transacciones por encima del monto promedio de venta. En lugar de calcular el promedio por separado y codificarlo, podemos usar una subconsulta para calcularlo dinámicamente: WHERE sale_amount > (SELECT AVG(sale_amount) FROM sales).

Las subconsultas en la cláusula FROM efectivamente crean conjuntos de resultados temporales que podemos consultar como tablas regulares. Esto resulta particularmente útil cuando necesitamos realizar cálculos sobre datos agregados o cuando queremos unir resultados intermedios con otras tablas. La capacidad de tratar los resultados de consultas como tablas virtuales abre numerosas posibilidades para análisis complejos.

Una aplicación común de las subconsultas implica encontrar registros que cumplan ciertas condiciones en tablas relacionadas. Por ejemplo, identificar clientes que han realizado compras en todas las categorías de productos o encontrar empleados que nunca han recibido una evaluación de desempeño negativa. Estos tipos de verificaciones de existencia a menudo dependen de subconsultas con operadores EXISTS o NOT EXISTS.

Las consideraciones de rendimiento se vuelven cruciales cuando se trabaja con subconsultas. Dado que el motor de la base de datos debe ejecutar primero la consulta interna, las subconsultas mal optimizadas pueden impactar significativamente el rendimiento de la consulta. Comprender los planes de ejecución y las estrategias adecuadas de indexación ayuda a asegurar una ejecución eficiente de consultas, particularmente cuando se trabaja con grandes conjuntos de datos.

Las subconsultas escalares, que devuelven exactamente un valor, sirven como herramientas poderosas para calcular valores dinámicos dentro de sentencias SELECT o cláusulas WHERE. Pueden calcular totales acumulados, realizar agregaciones complejas o determinar valores de referencia para comparación. Sin embargo, se debe tener cuidado de asegurar que las subconsultas escalares siempre devuelvan exactamente una fila para evitar errores en tiempo de ejecución.

La ubicación de las subconsultas dentro de la consulta principal afecta tanto su comportamiento como su rendimiento. Las subconsultas en la cláusula SELECT se ejecutan una vez por cada fila en el conjunto de resultados de la consulta externa, potencialmente causando problemas de rendimiento con grandes conjuntos de datos. En contraste, las subconsultas en la cláusula WHERE podrían ejecutarse solo una vez, dependiendo del optimizador de consultas y las condiciones específicas.

Cuando se trabaja con subconsultas, el uso adecuado de alias se vuelve esencial para la claridad y mantenibilidad. Las consultas complejas con múltiples niveles de anidamiento pueden volverse rápidamente difíciles de leer y depurar sin alias claros. Además, los nombres de columnas deben estar correctamente calificados cuando se hace referencia a campos de diferentes niveles de consulta para evitar ambigüedad.

La interacción entre subconsultas y valores NULL requiere una consideración cuidadosa. Cuando se usan subconsultas en comparaciones, el manejo de NULL puede producir resultados inesperados. Comprender cómo los valores NULL afectan la ejecución de subconsultas e implementar estrategias apropiadas de manejo de NULL asegura resultados de análisis precisos.

Las subconsultas a menudo trabajan en conjunto con otras características de SQL para resolver problemas analíticos complejos. Por ejemplo, combinar subconsultas con funciones de ventana permite cálculos sofisticados continuos mientras se mantiene el acceso a datos a nivel de detalle. De manera similar, usar subconsultas con funciones de agregación permite escenarios de agregación multinivel.

Los analistas de datos frecuentemente usan subconsultas para análisis basados en tiempo. Cuando se compara el rendimiento del período actual contra referencias históricas o se calculan tasas de crecimiento año tras año, las subconsultas proporcionan soluciones elegantes para acceder y comparar datos a través de diferentes períodos de tiempo.

El manejo de errores se vuelve particularmente importante cuando se trabaja con subconsultas. Dado que las subconsultas pueden fallar por varias razones (sin datos devueltos, demasiadas filas devueltas para subconsultas escalares, problemas de manejo de NULL), implementar una verificación y manejo de errores adecuados asegura soluciones analíticas robustas.

La relación entre subconsultas y joins merece atención especial. Si bien algunos problemas pueden resolverse usando cualquiera de los enfoques, comprender cuándo usar cada técnica lleva a soluciones más eficientes y mantenibles. Generalmente, los joins funcionan mejor para muchos escenarios, pero las subconsultas a menudo proporcionan soluciones más legibles e intuitivas para ciertos problemas analíticos.

A medida que los volúmenes de datos crecen, optimizar el rendimiento de las subconsultas se vuelve cada vez más importante. Técnicas como reescribir subconsultas como joins, usar tablas temporales para resultados intermedios o aprovechar características de optimización específicas de la base de datos pueden mejorar significativamente el rendimiento de las consultas mientras mantienen la precisión analítica.

Las bases de datos SQL modernas proporcionan varias técnicas de optimización para la ejecución de subconsultas. Comprender cómo el optimizador de consultas maneja diferentes tipos de subconsultas ayuda a escribir código más eficiente. Además, muchas bases de datos ofrecen sugerencias específicas o variaciones de sintaxis que pueden mejorar el rendimiento de las subconsultas en escenarios particulares.

El arte de escribir subconsultas efectivas a menudo implica equilibrar rendimiento, legibilidad y mantenibilidad. Si bien las subconsultas anidadas complejas pueden resolver ciertos problemas de manera elegante, pueden volverse difíciles de mantener y depurar. Dividir subconsultas complejas en pasos más simples usando tablas temporales o CTEs a menudo proporciona una mejor solución a largo plazo.

Capítulo 15: Subconsultas Correlacionadas

Las subconsultas correlacionadas representan una técnica avanzada de SQL que se basa en conceptos básicos de subconsultas al crear una relación entre las consultas internas y externas. A diferencia de las subconsultas regulares que se ejecutan independientemente, las subconsultas correlacionadas hacen referencia a columnas de la consulta externa, haciéndolas dependientes de cada fila que procesa la consulta principal.

La característica fundamental que distingue a una subconsulta correlacionada es su referencia a una tabla o alias de la consulta externa. Esto crea una conexión donde la subconsulta se ejecuta una vez por cada fila procesada por la consulta externa, realizando efectivamente una operación fila por fila. Si bien esto podría parecer ineficiente a primera vista, permite capacidades analíticas poderosas que serían difíciles de lograr por otros medios.

Considere un escenario analítico común donde necesitamos comparar el salario de cada empleado con el salario promedio dentro de su departamento. Una subconsulta correlacionada maneja esto elegantemente al calcular el promedio del departamento en relación con cada registro de empleado que se procesa. La subconsulta hace referencia al ID del departamento de la consulta externa, asegurando que el cálculo del promedio permanezca contextualmente relevante para cada empleado.

El flujo de ejecución de las subconsultas correlacionadas difiere significativamente de las subconsultas estándar. Para cada fila en la consulta externa, el motor de base de datos ejecuta la consulta interna, utilizando valores de la fila externa actual. Este proceso crea un bucle lógico que procesa cada registro individualmente, haciendo que las subconsultas correlacionadas sean particularmente útiles para comparaciones y cálculos fila por fila.

Las consideraciones de rendimiento se vuelven especialmente críticas cuando se trabaja con subconsultas correlacionadas. Dado que la consulta interna se ejecuta múltiples veces, la indexación adecuada y la optimización de consultas juegan roles cruciales para mantener un rendimiento aceptable. Comprender los planes de ejecución ayuda a identificar posibles cuellos de botella y oportunidades de optimización, particularmente cuando se trabaja con grandes conjuntos de datos.

Una aplicación común de las subconsultas correlacionadas implica encontrar registros que cumplan condiciones específicas en tablas relacionadas. Por ejemplo, identificar clientes que hayan realizado compras que excedan el monto promedio de compra para su región geográfica, o encontrar empleados que ganen más que el salario medio para su nivel de trabajo. Estos escenarios demuestran cómo las subconsultas correlacionadas sobresalen en comparaciones contextuales.

El manejo de errores en subconsultas correlacionadas requiere atención cuidadosa. Dado que la subconsulta se ejecuta para cada fila, asegurar el manejo adecuado de valores NULL y abordar posibles casos extremos se vuelve crucial para mantener la integridad de los datos. Además, implementar verificaciones de errores apropiadas ayuda a prevenir problemas en tiempo de ejecución que podrían surgir de condiciones de datos inesperadas.

La relación entre subconsultas correlacionadas y joins merece una consideración cuidadosa. Si bien algunos problemas pueden resolverse usando cualquiera de los enfoques, las subconsultas correlacionadas a menudo proporcionan soluciones más intuitivas para ciertos escenarios analíticos. Sin embargo, en muchos casos, reescribir subconsultas correlacionadas como joins puede mejorar el rendimiento mientras mantiene la precisión analítica.

Al trabajar con datos de series temporales, las subconsultas correlacionadas resultan particularmente valiosas para calcular comparaciones período a período o totales acumulados. Pueden calcular eficientemente tasas de crecimiento interanuales, promedios móviles o totales acumulativos mientras mantienen el contexto del período de tiempo de cada registro individual.

La estructura sintáctica de las subconsultas correlacionadas requiere atención cuidadosa a los alias y referencias de columnas. Dado que la consulta interna hace referencia a la consulta externa, la calificación adecuada de los nombres de columnas se vuelve esencial para evitar ambigüedades y asegurar una ejecución correcta. Las convenciones de nomenclatura claras y consistentes ayudan a mantener la legibilidad del código y reducir la complejidad de la depuración.

Los optimizadores SQL modernos manejan las subconsultas correlacionadas de manera diferente en varias plataformas de bases de datos. Comprender las técnicas de optimización específicas de la plataforma y las variaciones de sintaxis ayuda a escribir consultas más eficientes. Algunas bases de datos ofrecen sugerencias específicas o enfoques alternativos que pueden mejorar el rendimiento en escenarios particulares.

La depuración de subconsultas correlacionadas presenta desafíos únicos debido a su naturaleza de ejecución fila por fila. La resolución efectiva de problemas a menudo implica desglosar consultas complejas en componentes más simples y probar con conjuntos de datos más pequeños para verificar la corrección lógica antes de escalar a datos de producción completos.

La interacción entre subconsultas correlacionadas y funciones de agregación requiere una consideración cuidadosa. Al combinar estas características, entender cómo se comportan las agregaciones dentro del contexto correlacionado asegura resultados precisos. Esto se vuelve particularmente importante cuando se trata de datos agrupados o estructuras jerárquicas.

Las consideraciones de mantenimiento juegan un papel crucial al implementar subconsultas correlacionadas en entornos de producción. Si bien ofrecen capacidades analíticas poderosas, las subconsultas correlacionadas complejas pueden volverse difíciles de mantener y modificar con el tiempo. La documentación y las prácticas claras de comentarios se vuelven esenciales para la sostenibilidad del código a largo plazo.

A medida que los volúmenes de datos crecen, la escalabilidad se convierte en una consideración importante para la implementación de subconsultas correlacionadas. Técnicas como vistas materializadas, tablas temporales o estructuras de consulta alternativas pueden proporcionar mejor rendimiento para ciertos escenarios mientras mantienen la precisión analítica.

El futuro de las subconsultas correlacionadas continúa evolucionando con las plataformas de bases de datos modernas. Regularmente surgen nuevas características y técnicas de optimización, ofreciendo mejor rendimiento y capacidades analíticas adicionales. Mantenerse al día con estos desarrollos ayuda a los analistas a aprovechar todo el potencial de las subconsultas correlacionadas en sus flujos de trabajo de análisis de datos.

Capítulo 16: Expresiones de Tabla Común (CTEs)

Las expresiones de tabla común (CTE) representan una de las características más poderosas y elegantes del SQL moderno, proporcionando una manera de escribir consultas complejas de forma más organizada y legible. A menudo referidas como cláusulas WITH, las CTE permiten a los analistas desglosar lógica compleja en subconsultas manejables y nombradas que pueden ser referenciadas múltiples veces dentro de una consulta más grande.

En su esencia, las CTE funcionan como conjuntos de resultados temporales nombrados que existen solo dentro del alcance de una única instrucción SQL. Piense en ellas como la creación de una vista temporal que vive lo suficiente para ejecutar su consulta. Esta naturaleza temporal las hace ideales para análisis complejos que requieren múltiples pasos pero no justifican la creación de objetos permanentes en la base de datos.

La sintaxis básica de una CTE comienza con la palabra clave WITH seguida del nombre de la expresión y la consulta que la define. Lo que hace particularmente poderosas a las CTE es su capacidad para referenciar otras CTE definidas dentro de la misma instrucción, permitiéndole construir análisis cada vez más complejos a través de una serie de pasos lógicos. Este enfoque jerárquico para la escritura de consultas facilita la comprensión y el mantenimiento de lógica analítica compleja.

Uno de los casos de uso más convincentes para las CTE implica desglosar lógica empresarial compleja en pasos discretos. Considere un escenario donde necesita analizar patrones de compra de clientes durante múltiples períodos de tiempo, calcular varias métricas y luego comparar estas métricas entre diferentes segmentos de clientes. En lugar de escribir una consulta masiva y anidada, puede usar CTE para manejar cada paso lógico por separado, haciendo que el código sea más fácil de escribir y mantener.

Las CTE recursivas representan una forma especializada que permite el procesamiento jerárquico o iterativo dentro de SQL. Estas resultan invaluables cuando se trata de estructuras organizativas, cálculos de lista de materiales o cualquier escenario que involucre relaciones padre-hijo. La naturaleza recursiva permite atravesar estas relaciones a cualquier profundidad sin conocer el número de niveles por adelantado.

Las consideraciones de rendimiento con CTE requieren atención cuidadosa. Si bien las CTE por sí mismas no mejoran ni degradan inherentemente el rendimiento, pueden afectar cómo el optimizador de consultas maneja el plan de ejecución general. Comprender cómo su plataforma de base de datos materializa y reutiliza los resultados de CTE ayuda a escribir consultas más eficientes. Algunas plataformas tratan las CTE como límites de optimización, mientras que otras pueden insertar la definición de CTE donde sea que se referencie.

Al trabajar con grandes conjuntos de datos, las CTE ofrecen una manera limpia de realizar cálculos o transformaciones incrementales. En lugar de intentar lograr todo en un solo paso, puede desglosar transformaciones complejas en una serie de operaciones más pequeñas y manejables. Este enfoque no solo hace que el código sea más mantenible sino que a menudo ayuda al optimizador de consultas a generar planes de ejecución más eficientes.

El manejo de errores dentro de las CTE requiere una consideración cuidadosa, particularmente cuando se trata de CTE recursivas o transformaciones complejas. Implementar mecanismos apropiados de verificación y manejo de errores asegura una ejecución robusta de consultas mientras se mantiene la integridad de los datos. Esto se vuelve especialmente importante en entornos de producción donde la calidad y consistencia de los datos son primordiales.

La interacción entre las CTE y otras características de SQL merece atención especial. Las CTE funcionan perfectamente con funciones de ventana, agregaciones y uniones, permitiendo capacidades analíticas poderosas. Comprender estas interacciones ayuda a elegir el enfoque más apropiado para requisitos analíticos específicos mientras se mantiene el rendimiento de las consultas.

La depuración de consultas complejas se vuelve significativamente más fácil cuando se usan CTE. Al desglosar la lógica en pasos discretos, puede probar y verificar fácilmente cada componente de forma independiente antes de combinarlos en la consulta final. Este enfoque modular para la escritura de consultas reduce el tiempo de desarrollo y facilita la identificación y corrección de problemas.

La reutilización de código representa otra ventaja significativa de las CTE. Cuando múltiples análisis requieren cálculos intermedios similares, las CTE permiten definir estos cálculos una vez y referenciarlos múltiples veces dentro de la misma consulta. Este enfoque reduce la duplicación de código y asegura la consistencia en diferentes partes del análisis.

Las consideraciones de mantenimiento juegan un papel crucial en la implementación de CTE. Las CTE bien estructuradas con convenciones claras de nomenclatura y documentación apropiada facilitan que otros analistas entiendan y modifiquen el código. Esto se vuelve particularmente importante en entornos de equipo donde múltiples analistas trabajan con la misma base de código.

Las plataformas SQL modernas continúan mejorando las capacidades de CTE, ofreciendo características como CTE materializadas o técnicas de optimización mejoradas. Mantenerse al día con estos desarrollos ayuda a los analistas a aprovechar todo el potencial de las CTE en sus flujos de trabajo analíticos mientras mantienen un rendimiento óptimo.

La relación entre CTE y subconsultas merece una consideración cuidadosa. Si bien ambos enfoques pueden resolver problemas similares, las CTE a menudo proporcionan soluciones más legibles y mantenibles. Comprender cuándo usar cada enfoque ayuda a escribir consultas más efectivas mientras se mantiene la claridad del código.

A medida que los volúmenes de datos y la complejidad analítica continúan creciendo, la importancia de las CTE en el desarrollo SQL moderno se vuelve cada vez más evidente. Su capacidad para desglosar lógica compleja en componentes manejables mientras se mantiene el rendimiento de las consultas las convierte en una herramienta esencial en el conjunto de herramientas de cualquier analista. Ya sea que se trate de estructuras de datos jerárquicas, transformaciones complejas o análisis de múltiples pasos, las CTE proporcionan una solución robusta y elegante para los desafíos modernos del análisis de datos.

Capítulo 17: Introducción a las Funciones de Ventana

Las funciones de ventana representan una característica poderosa en SQL que permite a los analistas realizar cálculos a través de un conjunto de filas de tabla relacionadas con la fila actual. A diferencia de las funciones agregadas regulares que agrupan filas en una única fila de salida, las funciones de ventana mantienen la granularidad de los datos mientras permiten operaciones analíticas sofisticadas.

La comprensión de las funciones de ventana comienza con el concepto de marco de ventana, que define el conjunto de filas utilizadas para cada cálculo. Este marco se mueve a través del conjunto de resultados, realizando cálculos basados en las filas dentro de su alcance. La capacidad de definir y manipular estos marcos proporciona una flexibilidad sin precedentes en el análisis de relaciones y patrones de datos.

La sintaxis básica de las funciones de ventana incluye la cláusula OVER, que especifica cómo particionar y ordenar los datos para el cálculo. Dentro de la cláusula OVER, se puede definir PARTITION BY para dividir los datos en grupos y ORDER BY para secuenciar las filas dentro de cada partición. Esta combinación permite un control increíblemente preciso sobre cómo se realizan los cálculos.

Uno de los aspectos fundamentales de las funciones de ventana es su capacidad para acceder a múltiples filas simultáneamente sin colapsarlas en un único resultado. Esta característica las hace invaluables para calcular totales acumulados, promedios móviles y clasificaciones relativas mientras preservan el nivel de detalle de su conjunto de datos original. La capacidad de mantener la granularidad a nivel de fila mientras se realizan cálculos complejos distingue a las funciones de ventana de las funciones agregadas tradicionales.

Las consideraciones de rendimiento juegan un papel crucial al trabajar con funciones de ventana. Si bien proporcionan capacidades analíticas poderosas, el uso inadecuado puede afectar el rendimiento de las consultas, especialmente con grandes conjuntos de datos. Comprender cómo las funciones de ventana procesan los datos y saber cuándo usarlas en lugar de enfoques alternativos ayuda a optimizar el rendimiento de las consultas mientras se mantiene la precisión analítica.

Las funciones de ventana sobresalen en la resolución de desafíos analíticos comunes como calcular cambios período a período, identificar tendencias y determinar posiciones relativas dentro de grupos. Por ejemplo, analizar el rendimiento de ventas a través de diferentes períodos de tiempo se vuelve sencillo con funciones de ventana, permitiendo calcular tasas de crecimiento, totales acumulados y promedios móviles con mínima complejidad de código.

La relación entre las funciones de ventana y la partición merece especial atención. La partición permite dividir los datos en grupos lógicos para procesamiento independiente, permitiendo cálculos paralelos a través de diferentes segmentos de datos. Esta capacidad resulta particularmente valiosa al analizar métricas de rendimiento en diferentes unidades de negocio, regiones geográficas o períodos de tiempo.

El manejo de errores con funciones de ventana requiere una consideración cuidadosa, particularmente al tratar con valores nulos o patrones de datos inesperados. Implementar estrategias apropiadas de manejo de nulos y verificaciones de validación de datos asegura una ejecución robusta de consultas mientras se mantiene la integridad de los resultados analíticos. Esto se vuelve especialmente importante en entornos de producción donde la calidad de los datos varía.

La interacción entre funciones de ventana y otras características de SQL proporciona potentes capacidades analíticas. Combinar funciones de ventana con CTEs, subconsultas y joins permite escenarios analíticos complejos mientras se mantiene la legibilidad del código. Comprender estas interacciones ayuda a elegir el enfoque más apropiado para requisitos analíticos específicos.

Las funciones de ventana brillan particularmente en el análisis de series temporales, donde permiten cálculos sofisticados a través de datos temporales. Analizar tendencias, identificar patrones y calcular cambios período a período se vuelve más sencillo con funciones de ventana. Su capacidad para mantener el contexto cronológico mientras realiza cálculos las hace invaluables para análisis basados en tiempo.

El concepto de cláusulas de marco dentro de las funciones de ventana proporciona un control preciso sobre qué filas participan en cada cálculo. Comprender las cláusulas de marco y su impacto en los cálculos ayuda a escribir consultas analíticas más precisas y eficientes. Esto se vuelve particularmente importante cuando se trabaja con cálculos móviles o comparaciones relativas.

Las plataformas SQL modernas continúan mejorando las capacidades de las funciones de ventana, introduciendo nuevas funciones y técnicas de optimización. Mantenerse al día con estos desarrollos ayuda a los analistas a aprovechar todo el potencial de las funciones de ventana en sus flujos de trabajo analíticos mientras mantienen un rendimiento óptimo. La exploración regular de nuevas características y mejores prácticas asegura que esté utilizando estas poderosas herramientas de manera efectiva.

La depuración de consultas que involucran funciones de ventana requiere un enfoque sistemático. Desglosar cálculos complejos en pasos más pequeños y verificar resultados intermedios ayuda a identificar y resolver problemas rápidamente. Este enfoque metódico para el desarrollo reduce el tiempo de resolución de problemas y asegura resultados precisos.

El papel de las funciones de ventana en el análisis de datos moderno continúa creciendo a medida que las organizaciones requieren capacidades analíticas más sofisticadas. Su capacidad para realizar cálculos complejos mientras mantienen la granularidad de los datos las hace esenciales para análisis avanzados. Ya sea analizando métricas financieras, comportamiento del cliente o rendimiento operativo, las funciones de ventana proporcionan herramientas poderosas para obtener insights significativos de sus datos.

A medida que los volúmenes de datos y los requisitos analíticos continúan evolucionando, dominar las funciones de ventana se vuelve cada vez más importante para los analistas de datos. Su versatilidad en el manejo de escenarios analíticos complejos mientras mantienen el rendimiento de las consultas las hace indispensables en el desarrollo moderno de SQL. Comprender y utilizar efectivamente las funciones de ventana representa una habilidad crucial para analistas que trabajan con análisis de datos a gran escala.

Capítulo 18: Funciones ROW_NUMBER y RANK

Las funciones ROW_NUMBER y RANK se construyen sobre la base de las funciones de ventana, proporcionando herramientas esenciales para los analistas que necesitan asignar números secuenciales o determinar posiciones relativas dentro de los conjuntos de datos. Estas funciones resuelven desafíos analíticos comunes como identificar a los mejores ejecutantes, detectar duplicados y crear sistemas sofisticados de ordenamiento.

La función ROW_NUMBER asigna enteros secuenciales únicos a cada fila dentro de una partición según el orden especificado. Esta función sencilla pero poderosa resulta invaluable cuando se necesita crear identificadores únicos, analizar patrones secuenciales o identificar la enésima ocurrencia de eventos. Por ejemplo, al analizar el comportamiento de compra del cliente, ROW_NUMBER ayuda a identificar primeras compras, pedidos repetidos y secuencias de compra para cada cliente.

Comprender las diferencias entre ROW_NUMBER, RANK y DENSE_RANK se vuelve crucial para un análisis preciso. Mientras que ROW_NUMBER siempre asigna números secuenciales únicos, RANK y DENSE_RANK manejan los empates de manera diferente. RANK deja espacios en la secuencia cuando ocurren empates, mientras que DENSE_RANK mantiene clasificaciones consecutivas. Esta distinción se vuelve particularmente importante al analizar clasificaciones competitivas, rendimiento de ventas o cualquier escenario donde puedan existir empates.

Exploremos un ejemplo práctico. Consideremos el análisis del rendimiento de ventas en diferentes regiones. ROW_NUMBER podría asignar clasificaciones únicas incluso a cifras de ventas idénticas, mientras que RANK asignaría el mismo rango a valores empatados y saltaría los siguientes rangos en consecuencia. DENSE_RANK también asignaría el mismo rango a los empates pero continuaría con el siguiente rango consecutivo. Estas diferencias matizadas impactan significativamente en los resultados e interpretación del análisis.

La optimización del rendimiento se vuelve crucial al trabajar con estas funciones, especialmente en grandes conjuntos de datos. Si bien ROW_NUMBER típicamente tiene mejor rendimiento que RANK o DENSE_RANK, todas estas funciones se benefician de estrategias adecuadas de indexación y particionamiento. Comprender cómo estas funciones procesan los datos ayuda a escribir consultas eficientes que escalan bien con conjuntos de datos crecientes.

La combinación de estas funciones de clasificación con otras características de SQL permite análisis sofisticados. Por ejemplo, combinarlas con CTEs o subconsultas permite escenarios complejos como identificar a los mejores ejecutantes dentro de períodos específicos o detectar patrones inusuales en datos secuenciales. Esta flexibilidad las convierte en herramientas esenciales en el conjunto de herramientas del analista moderno.

El manejo de errores y casos extremos requiere una consideración cuidadosa al trabajar con funciones de clasificación. Los valores nulos, patrones de datos inesperados y empates pueden impactar las clasificaciones de maneras que podrían no ser inmediatamente obvias. Implementar una validación adecuada y comprender cómo estas funciones manejan los casos extremos asegura un análisis robusto y preciso.

Las aplicaciones prácticas de estas funciones se extienden a través de varios dominios empresariales. En el análisis financiero, ayudan a identificar los activos de mejor rendimiento o clasificar oportunidades de inversión. En el análisis de clientes, ayudan en la segmentación e identificación de patrones de comportamiento. En la analítica operacional, ayudan a rastrear secuencias de procesos e identificar cuellos de botella.

La integración de funciones de clasificación con el particionamiento añade otra dimensión de capacidad analítica. Al particionar datos antes de aplicar clasificaciones, los analistas pueden realizar análisis comparativos a través de diferentes segmentos mientras mantienen secuencias de clasificación independientes dentro de cada partición. Esto resulta particularmente valioso al analizar métricas de rendimiento en diferentes unidades de negocio o períodos de tiempo.

Las plataformas SQL modernas continúan optimizando estas funciones e introduciendo nuevas variantes para manejar casos de uso específicos. Mantenerse informado sobre implementaciones específicas de plataforma y técnicas de optimización ayuda a los analistas a aprovechar estas funciones efectivamente mientras mantienen el rendimiento de las consultas. La revisión regular de documentación y mejores prácticas asegura un uso óptimo de estas poderosas herramientas analíticas.

La relación entre las funciones de clasificación y la calidad de datos merece especial atención. Estas funciones pueden ayudar a identificar problemas de calidad de datos al resaltar patrones inusuales o secuencias inesperadas. Este doble rol como herramientas analíticas y validadores de calidad de datos las hace particularmente valiosas en flujos de trabajo integrales de análisis de datos.

Al desarrollar análisis complejos usando funciones de clasificación, un enfoque modular a menudo resulta más efectivo. Desglosar requisitos complejos en pasos más pequeños y manejables ayuda a mantener la claridad del código y simplifica la resolución de problemas. Este enfoque también facilita la modificación y mantenimiento de análisis a medida que evolucionan los requisitos.

El papel de las funciones de clasificación en escenarios de informes automatizados y paneles de control continúa creciendo. Su capacidad para proporcionar clasificaciones dinámicas e identificar a los mejores ejecutantes las convierte en componentes esenciales de muchas soluciones de inteligencia empresarial. Comprender cómo incorporar efectivamente estas funciones en flujos de trabajo automatizados mejora su valor en la analítica operacional.

A medida que las organizaciones dependen cada vez más de la toma de decisiones basada en datos, dominar las funciones de clasificación se vuelve crucial para los analistas. Su capacidad para proporcionar vistas claras y ordenadas de datos mientras manejan escenarios complejos las hace herramientas indispensables para el análisis de datos moderno. Ya sea analizando posiciones competitivas, rastreando patrones secuenciales o identificando a los mejores ejecutantes, estas funciones proporcionan la base para soluciones analíticas sofisticadas.

El futuro de las funciones de clasificación parece prometedor a medida que los sistemas de bases de datos continúan evolucionando. Es probable que surjan nuevas optimizaciones y variantes para manejar requisitos analíticos cada vez más complejos mientras mantienen el rendimiento. Mantenerse al día con estos desarrollos ayuda a los analistas a entregar soluciones analíticas más sofisticadas y eficientes.

Capítulo 19: Promedios Móviles y Totales Acumulados

Las medias móviles y los totales acumulados representan técnicas analíticas esenciales que ayudan a revelar tendencias y efectos acumulativos en los datos a lo largo del tiempo. Estas funciones de ventana van más allá de las simples agregaciones al proporcionar información sobre cómo cambian los valores a través de filas secuenciales, lo que las convierte en herramientas invaluables para el análisis de series temporales y cálculos financieros.

Los totales acumulados calculan sumas acumulativas a través de conjuntos ordenados de datos, proporcionando una vista progresiva de la acumulación a lo largo del tiempo o secuencia. Esto resulta particularmente valioso al analizar métricas como ventas acumuladas del año, adquisiciones acumuladas de clientes o gasto progresivo del presupuesto. La sintaxis aprovecha la función SUM con una cláusula OVER, definiendo tanto la partición como el ordenamiento del cálculo.

Considere un escenario empresarial común donde los analistas necesitan realizar un seguimiento de las ventas acumuladas durante un año fiscal. En lugar de sumar manualmente las cifras de cada mes, un cálculo de total acumulado mantiene automáticamente la suma progresiva, permitiendo obtener rápidamente información sobre tendencias de rendimiento y logro de objetivos. Esto no solo ahorra tiempo sino que también reduce la probabilidad de errores de cálculo en los informes.

Las medias móviles suavizan las fluctuaciones de datos calculando promedios a través de una ventana específica de filas, ayudando a identificar tendencias subyacentes al reducir el ruido en los datos. El tamaño de la ventana impacta significativamente en el análisis, con ventanas más grandes proporcionando tendencias más suaves pero potencialmente ocultando variaciones a corto plazo. Los analistas deben considerar cuidadosamente este equilibrio al elegir el tamaño de ventana apropiado para sus necesidades específicas de análisis.

La implementación de medias móviles en SQL requiere una atención cuidadosa a las especificaciones del marco de ventana. La cláusula ROWS o RANGE define cuántas filas antes y después de la fila actual deben incluirse en el cálculo. Esta flexibilidad permite a los analistas crear varios tipos de medias móviles, desde promedios simples retrospectivos hasta cálculos centrados más complejos que consideran valores tanto pasados como futuros.

Las consideraciones de rendimiento se vuelven cruciales al implementar estos cálculos en grandes conjuntos de datos. Si bien los motores de bases de datos modernos optimizan efectivamente las funciones de ventana, las estrategias adecuadas de indexación y particionamiento pueden mejorar significativamente el rendimiento de las consultas. Dividir los cálculos en fragmentos de tiempo más pequeños mediante el particionamiento a menudo proporciona beneficios sustanciales de rendimiento mientras mantiene la precisión analítica.

La combinación de medias móviles y totales acumulados con otras características de SQL permite patrones de análisis sofisticados. Por ejemplo, comparar valores reales contra medias móviles puede ayudar a identificar desviaciones o tendencias significativas. De manera similar, calcular la tasa de cambio en totales acumulados puede revelar patrones de aceleración o desaceleración en métricas acumulativas.

Las aplicaciones del mundo real abarcan varios dominios. En el análisis financiero, las medias móviles ayudan a identificar tendencias del mercado mientras que los totales acumulados rastrean el rendimiento de la cartera. En operaciones, estos cálculos monitorean niveles de inventario y patrones de utilización de recursos. En marketing, analizan tendencias de comportamiento del cliente y efectividad de campañas a lo largo del tiempo.

El manejo de errores requiere atención especial al implementar estos cálculos. Los valores nulos, períodos faltantes e intervalos de tiempo irregulares pueden impactar significativamente los resultados. Implementar estrategias adecuadas de validación y manejo de datos asegura cálculos robustos que mantienen la precisión incluso con datos imperfectos.

La integración de estos cálculos en sistemas de informes automatizados exige una consideración cuidadosa de las frecuencias de actualización y dependencias de cálculo. Los totales acumulados requieren particular atención para asegurar cierres de período adecuados y el arrastre de totales anteriores. La documentación clara de la lógica de cálculo y las dependencias ayuda a mantener la fiabilidad del sistema.

Los requisitos analíticos modernos a menudo demandan variaciones más complejas de estos patrones básicos. Por ejemplo, las medias móviles ponderadas asignan diferente importancia a las observaciones según su actualidad o relevancia. De manera similar, los totales acumulados pueden necesitar reiniciarse según condiciones específicas mientras mantienen la precisión histórica.

La relación entre estos cálculos y la granularidad de los datos merece una consideración cuidadosa. Si bien los datos más granulares proporcionan flexibilidad en el análisis, también pueden impactar el rendimiento y los requisitos de almacenamiento. Encontrar el equilibrio adecuado entre granularidad y necesidades analíticas a menudo requiere experimentación y evaluación cuidadosa de compensaciones.

A medida que las organizaciones dependen cada vez más de análisis en tiempo real, la implementación de estos cálculos debe adaptarse para manejar datos en streaming y actualizaciones continuas. Esta evolución introduce nuevos desafíos en mantener la precisión del cálculo mientras se proporcionan insights oportunos. Comprender tanto los patrones de implementación tradicionales como en tiempo real ayuda a los analistas a elegir soluciones apropiadas para sus necesidades específicas.

El futuro de estas técnicas analíticas se ve prometedor a medida que los sistemas de bases de datos continúan evolucionando. Es probable que surjan nuevas optimizaciones y variantes para manejar requisitos cada vez más complejos mientras se mantiene el rendimiento. Mantenerse al día con estos desarrollos ayuda a los analistas a entregar soluciones analíticas más sofisticadas y eficientes.

La visualización de estos cálculos a menudo proporciona insights poderosos que podrían no ser inmediatamente aparentes en datos tabulares. La integración con herramientas de inteligencia empresarial requiere atención cuidadosa a la lógica de cálculo y patrones de actualización para asegurar resultados consistentes a través de diferentes plataformas analíticas. Esta integración permite un acceso más amplio a los insights mientras mantiene la precisión del cálculo y el rendimiento.

Capítulo 20: Análisis de Series Temporales en SQL

El análisis de series temporales en SQL representa una habilidad fundamental para los analistas de datos que trabajan con datos temporales. Comprender cómo analizar efectivamente los puntos de datos recopilados a lo largo del tiempo permite a las organizaciones identificar tendencias, patrones y variaciones estacionales que impulsan la toma de decisiones informada.

En su esencia, el análisis de series temporales implica examinar puntos de datos indexados en orden cronológico. SQL proporciona herramientas poderosas para manejar estas relaciones temporales a través de funciones especializadas y técnicas analíticas. La clave para un análisis efectivo de series temporales radica en estructurar adecuadamente las consultas para respetar la naturaleza temporal de los datos mientras se extraen patrones significativos.

La alineación de fechas forma la base de un análisis preciso de series temporales. Antes de realizar cálculos complejos, los analistas deben asegurarse de que las fechas estén correctamente formateadas y alineadas con la granularidad deseada. Esto puede implicar truncar marcas de tiempo a intervalos específicos o generar secuencias de fechas para llenar vacíos en datos dispersos. Las funciones de fecha de SQL proporcionan las herramientas necesarias para estas transformaciones, permitiendo un análisis consistente a través de diferentes períodos de tiempo.

El análisis de estacionalidad representa un aspecto crucial del trabajo con series temporales. Muchas métricas empresariales exhiben patrones regulares vinculados a ciclos diarios, semanales o anuales. SQL permite la identificación de estos patrones a través de agregaciones y comparaciones periódicas. Al comparar períodos similares a través de diferentes ciclos, los analistas pueden cuantificar efectos estacionales y ajustar pronósticos en consecuencia.

La detección de tendencias requiere examinar datos durante períodos más largos para identificar movimientos direccionales subyacentes. Las funciones de ventana de SQL resultan invaluables aquí, permitiendo cálculos de promedios móviles y métricas acumulativas que suavizan las fluctuaciones a corto plazo. La capacidad de particionar datos por dimensiones empresariales relevantes mientras se mantiene el ordenamiento temporal permite un análisis sofisticado de tendencias en múltiples segmentos simultáneamente.

La detección de anomalías en datos de series temporales a menudo implica comparar valores actuales con patrones históricos. SQL facilita esto a través de cálculos estadísticos como desviaciones estándar de promedios móviles o clasificaciones percentiles dentro de ventanas temporales. Estas técnicas ayudan a identificar picos o caídas inusuales que merecen mayor investigación.

Los cálculos de tasa de crecimiento proporcionan información sobre el ritmo de cambio a lo largo del tiempo. Las funciones de retardo de SQL permiten un cálculo fácil de cambios período a período, ya sea comparando períodos consecutivos o variaciones año tras año. Estos cálculos pueden realizarse en varios niveles de granularidad, desde fluctuaciones diarias hasta tendencias a largo plazo.

La previsión representa una extensión natural del análisis de series temporales. Si bien los modelos predictivos complejos a menudo requieren herramientas especializadas, SQL puede admitir pronósticos básicos a través de extrapolación de tendencias y ajustes estacionales. Comprender los patrones históricos a través del análisis SQL proporciona la base para enfoques de pronóstico más sofisticados.

El análisis de comparación de períodos ayuda a evaluar el rendimiento en diferentes marcos temporales. Las funciones aritméticas de fecha de SQL facilitan la alineación de períodos comparables, permitiendo comparaciones justas a pesar de las variaciones en las estructuras del calendario o ciclos comerciales. Esto resulta particularmente valioso al analizar el rendimiento año tras año o comparar períodos de diferentes longitudes.

Las consideraciones de calidad de datos se vuelven particularmente importantes en el análisis de series temporales. Las fechas faltantes, intervalos irregulares y variaciones de zona horaria pueden impactar significativamente los resultados. SQL proporciona herramientas para identificar y manejar estos problemas a través de consultas de análisis de brechas y conversiones de zona horaria. Implementar una validación de datos adecuada asegura resultados analíticos confiables.

La optimización del rendimiento adquiere especial importancia cuando se trata de grandes volúmenes de datos temporales. Las estrategias efectivas de indexación, particularmente en columnas de fecha, pueden mejorar dramáticamente el rendimiento de las consultas. La partición de tablas grandes por rangos de fecha a menudo proporciona beneficios sustanciales para consultas de series temporales que se centran en períodos específicos.

La integración con herramientas de inteligencia empresarial requiere atención cuidadosa a las jerarquías temporales y patrones de agregación. Las vistas SQL pueden encapsular cálculos comunes de series temporales, proporcionando resultados consistentes a través de diferentes plataformas analíticas. Esto promueve la estandarización mientras simplifica el mantenimiento de cálculos temporales.

El análisis en tiempo real introduce complejidad adicional al trabajo con series temporales. Las consultas SQL deben manejar eficientemente flujos continuos de datos mientras mantienen el contexto histórico. Técnicas como ventanas deslizantes y agregaciones incrementales ayudan a equilibrar la eficiencia computacional con la precisión analítica.

La aplicación del análisis de series temporales abarca numerosos dominios empresariales. En el comercio minorista, ayuda a comprender patrones de ventas y optimizar niveles de inventario. En finanzas, respalda estrategias comerciales y evaluación de riesgos. En operaciones, permite la planificación de capacidad y optimización de recursos. Comprender estas aplicaciones específicas del dominio ayuda a los analistas a diseñar soluciones analíticas más efectivas.

Mirando hacia adelante, el análisis de series temporales continúa evolucionando con las necesidades empresariales emergentes. La creciente disponibilidad de datos de alta frecuencia y la demanda de información en tiempo real impulsa la innovación en técnicas analíticas basadas en SQL. Mantenerse actualizado con estos desarrollos ayuda a los analistas a ofrecer soluciones de análisis temporal más sofisticadas.

Capítulo 21: Funciones de Fecha y Hora

Trabajar con fechas y horas en SQL requiere el dominio de funciones especializadas que ayudan a los analistas a extraer información significativa de datos temporales. Mientras que el capítulo anterior se centró ampliamente en el análisis de series temporales, este capítulo profundiza en las funciones específicas de manipulación de fechas y horas que forman la base del análisis de datos temporales.

Las funciones de fecha y hora varían en cierta medida entre las diferentes implementaciones de SQL, pero la mayoría de las bases de datos proporcionan un conjunto básico de capacidades esenciales. Comprender estas funciones permite a los analistas manejar escenarios comunes como extraer partes de fechas, calcular duraciones y formatear datos temporales para su presentación.

Las funciones de fecha más fundamentales permiten la extracción de componentes específicos de los valores de fecha y hora. Ejemplos comunes incluyen funciones para obtener el año, mes, día, hora, minuto y segundo de una marca de tiempo. Estos componentes básicos permiten la agrupación y agregación en diferentes granularidades temporales, permitiendo un análisis flexible de patrones temporales.

La aritmética de fechas representa otra capacidad crucial para los analistas. SQL proporciona funciones para sumar o restar intervalos de fechas, calcular el número de días entre fechas y determinar fechas relativas como el primer o último día de un mes. Estos cálculos resultan invaluables al analizar períodos, medir duraciones o alinear datos con límites temporales específicos.

El manejo de zonas horarias se vuelve cada vez más importante a medida que las organizaciones operan globalmente. SQL proporciona funciones para convertir entre zonas horarias, estandarizar marcas de tiempo a UTC y considerar las transiciones del horario de verano. El manejo adecuado de las zonas horarias asegura un análisis consistente entre regiones geográficas y previene discrepancias de datos relacionadas con el tiempo.

Las funciones de formato permiten a los analistas presentar fechas y horas de manera que coincidan con los requisitos comerciales. Si bien los cálculos internos típicamente utilizan formatos estandarizados, la presentación a menudo requiere personalización para diferentes audiencias o convenciones regionales. Las funciones de formato de SQL admiten un estilo de salida flexible mientras mantienen representaciones internas precisas.

Las capacidades de análisis de fechas ayudan a los analistas a trabajar con fechas almacenadas como cadenas o en formatos no estándar. Convertir estos valores a tipos de fecha apropiados permite cálculos y comparaciones temporales confiables. Comprender las funciones de análisis y las especificaciones de formato ayuda a los analistas a manejar eficazmente diversos formatos de entrada de fecha.

Los cálculos del calendario fiscal a menudo requieren manipulación especializada de fechas. Muchas organizaciones operan en años fiscales que no se alinean con los años calendario. Las funciones SQL admiten el mapeo de fechas a períodos fiscales, el cálculo de trimestres fiscales y la realización de agregaciones del año fiscal hasta la fecha que se alinean con las necesidades de informes comerciales.

Trabajar con fechas parciales introduce complejidad adicional. A veces los analistas encuentran datos donde solo ciertos componentes de fecha son relevantes o están disponibles. SQL proporciona funciones para comparar y calcular con fechas parciales, permitiendo el análisis incluso cuando no está disponible la información completa de marca de tiempo.

Los cálculos de duración surgen frecuentemente en el análisis empresarial. Ya sea midiendo tiempos de finalización de procesos, períodos de participación del cliente o intervalos de servicio, las funciones de fecha de SQL permiten mediciones precisas de duración.

Comprender cómo manejar casos límite y límites temporales asegura cálculos precisos de duración.

La validación de fechas se vuelve crucial cuando se trabaja con fechas ingresadas por usuarios o datos de fuentes externas. SQL proporciona funciones para verificar la validez de las fechas, asegurando que los valores caigan dentro de rangos aceptables e identificando fechas imposibles. Estas capacidades de validación ayudan a mantener la calidad de los datos en análisis temporales.

La generación de tablas de calendario representa un requisito común para el análisis temporal. Si bien no es estrictamente una función de fecha, las capacidades de fecha de SQL permiten la generación de tablas de calendario que admiten cálculos avanzados basados en el tiempo. Estas tablas a menudo sirven como referencias dimensionales para el análisis basado en el tiempo.

El manejo de días festivos requiere consideración especial en muchos contextos empresariales. Las funciones de fecha SQL admiten la identificación de días festivos, cálculos de días hábiles y ajustes para días no laborables. Estas capacidades permiten un análisis preciso de métricas comerciales que dependen de cálculos de días laborables.

Los cálculos de fin de período surgen frecuentemente en análisis financieros y operativos. SQL proporciona funciones para encontrar límites de períodos, calcular duraciones de períodos y determinar superposición de períodos. Estas capacidades admiten requisitos de informes y análisis basados en períodos.

Las consideraciones de rendimiento se vuelven particularmente importantes cuando se trabaja con funciones de fecha. Algunos cálculos de fecha pueden ser computacionalmente costosos, especialmente cuando se aplican a grandes conjuntos de datos. Comprender cómo diferentes funciones de fecha afectan el rendimiento de las consultas ayuda a los analistas a escribir análisis temporales eficientes.

La integración con herramientas de informes requiere atención cuidadosa al manejo de fechas. Diferentes herramientas pueden esperar fechas en formatos o zonas horarias particulares. Las funciones de fecha SQL permiten la transformación y presentación consistente de fechas en varias plataformas de informes.

Mirando hacia adelante, el manejo de fechas y horas continúa evolucionando con las cambiantes necesidades comerciales. Nuevos requisitos en torno a marcas de tiempo de alta precisión, sistemas de calendario complejos y convenciones internacionales de fechas impulsan el desarrollo continuo de las capacidades temporales de SQL. Mantenerse al día con estos desarrollos ayuda a los analistas a entregar análisis más sofisticados basados en fechas.

El dominio de las funciones de fecha y hora representa una competencia central para los analistas SQL. Estas funciones proporcionan la base para el análisis de datos temporales, permitiendo todo, desde el formato simple de fechas hasta cálculos complejos basados en el tiempo. La práctica regular con estas funciones ayuda a los analistas a desarrollar fluidez en la manipulación de datos temporales.

Capítulo 22: Manipulación de Cadenas y Análisis de Texto

La manipulación de cadenas y las capacidades de análisis de texto en SQL proporcionan a los analistas herramientas poderosas para extraer información valiosa de datos textuales. A medida que las organizaciones recopilan más datos de texto no estructurados y semiestructurados, la capacidad de procesar y analizar esta información de manera eficiente se vuelve cada vez más valiosa.

Los datos de texto presentan desafíos únicos en comparación con los datos numéricos o temporales. Los valores de cadena a menudo contienen inconsistencias, formatos variables e información incrustada que necesita ser extraída o transformada. SQL proporciona un rico conjunto de funciones de cadena que ayudan a los analistas a abordar estos desafíos de manera sistemática.

Las funciones básicas de manipulación de cadenas forman la base del análisis de texto en SQL. Estas incluyen operaciones como SUBSTRING para extraer porciones de texto, CONCAT para combinar cadenas y LENGTH para medir el tamaño de la cadena. Aunque aparentemente simples, estas funciones permiten un procesamiento sofisticado de texto cuando se combinan creativamente.

Las funciones de manipulación de mayúsculas y minúsculas ayudan a estandarizar los datos de texto para su análisis. UPPER y LOWER convierten el texto a un caso consistente, mientras que las funciones de caso propio ayudan a estandarizar nombres y títulos. Estas transformaciones resultan esenciales al comparar o agrupar valores de texto que podrían diferir solo en el uso de mayúsculas.

Las funciones de recorte eliminan espacios en blanco no deseados de los datos de texto. Los espacios iniciales, finales y múltiples espacios internos pueden complicar el análisis de texto. Las funciones de recorte de SQL ayudan a limpiar estos problemas, asegurando un manejo consistente del texto y comparaciones precisas de cadenas.

Las capacidades de coincidencia de patrones permiten a los analistas encontrar patrones específicos de texto dentro de cadenas más grandes. El operador LIKE y sus variantes admiten coincidencia simple de patrones, mientras que las expresiones regulares (cubiertas en detalle en el siguiente capítulo) permiten un reconocimiento de patrones más complejo. Estas capacidades resultan invaluables al extraer información estructurada de texto de formato libre.

Las funciones de reemplazo de cadenas permiten a los analistas modificar el contenido de texto sistemáticamente. Ya sea corrigiendo errores ortográficos comunes, estandarizando terminología o eliminando caracteres no deseados, las funciones de reemplazo ayudan a limpiar y normalizar datos de texto. Múltiples reemplazos pueden encadenarse para manejar requisitos complejos de transformación.

Las funciones de posición ayudan a localizar caracteres específicos o subcadenas dentro del texto. Estas funciones permiten analizar texto delimitado, extraer información basada en marcadores y validar formatos de cadena. Comprender las operaciones de cadena basadas en posición ayuda a los analistas a trabajar efectivamente con datos de texto estructurado.

Las funciones de división de cadenas dividen el texto en componentes basados en delimitadores. Muchas bases de datos proporcionan funciones especializadas para analizar listas delimitadas, extraer elementos de rutas o jerarquías y separar campos de texto compuestos. Estas capacidades apoyan el análisis de estructuras de texto complejas.

Las funciones de agregación de texto combinan valores de cadena a través de filas. Si bien son menos comunes que la agregación numérica, la agregación de cadenas permite la creación de listas concatenadas, campos de texto resumidos y representaciones de texto desnormalizadas. Estas funciones apoyan requisitos de informes y análisis que involucran consolidación de texto.

Las funciones de manipulación de caracteres operan en caracteres individuales dentro de las cadenas. Estas incluyen funciones para reemplazar caracteres específicos, filtrar tipos de caracteres y transformar representaciones de caracteres. Tal control preciso ayuda a los analistas a manejar caracteres especiales y transformaciones complejas de texto.

Las funciones de comparación de cadenas van más allá de las simples verificaciones de igualdad. SQL proporciona funciones para coincidencia difusa, comparación fonética y medición de similitud. Estas capacidades ayudan a los analistas a identificar valores de texto similares a pesar de variaciones menores o diferencias ortográficas.

Las funciones de validación de formato ayudan a asegurar que los datos de texto cumplan con patrones o estructuras específicas. Ya sea verificando direcciones de correo electrónico, números de teléfono o identificadores personalizados, las funciones de validación ayudan a mantener los estándares de calidad de datos. Comprender estas funciones ayuda a los analistas a implementar reglas efectivas de validación de datos.

El manejo de Unicode se vuelve crucial cuando se trabaja con datos de texto internacionales. SQL proporciona funciones para trabajar con caracteres unicode, convertir entre conjuntos de caracteres y manejar caracteres especiales. Estas capacidades aseguran un procesamiento consistente del texto en diferentes idiomas y sistemas de caracteres.

Las consideraciones de rendimiento afectan las estrategias de manipulación de cadenas. Algunas operaciones de cadena pueden ser computacionalmente costosas, especialmente en campos de texto grandes o transformaciones complejas. Comprender cómo diferentes funciones de cadena impactan el rendimiento de las consultas ayuda a los analistas a escribir lógica de procesamiento de texto eficiente.

El análisis de texto a menudo requiere combinar múltiples funciones de cadena para lograr los resultados deseados. Construir lógica compleja de manipulación de cadenas requiere atención cuidadosa al anidamiento de funciones y orden de procesamiento. La práctica con la combinación de funciones de cadena ayuda a los analistas a desarrollar capacidades sofisticadas de procesamiento de texto.

La integración con capacidades de búsqueda de texto completo extiende las capacidades de análisis de texto de SQL. Si bien las funciones básicas de cadena manejan muchos requisitos, la búsqueda de texto completo proporciona herramientas adicionales para análisis y recuperación de texto. Comprender cómo estas capacidades se complementan entre sí ayuda a los analistas a elegir las herramientas apropiadas para diferentes escenarios de análisis de texto.

Mirando hacia adelante, las capacidades de análisis de texto continúan evolucionando con las cambiantes necesidades empresariales. Nuevos requisitos en torno al procesamiento del lenguaje natural, análisis de sentimientos y clasificación automática de texto impulsan el desarrollo continuo de las capacidades de manipulación de cadenas de SQL. Mantenerse al día con estos desarrollos ayuda a los analistas a entregar análisis más sofisticados basados en texto.

El dominio de las funciones de manipulación de cadenas y análisis de texto representa una habilidad crucial para los analistas de SQL. Estas funciones proporcionan la base para trabajar efectivamente con datos de texto, permitiendo todo, desde la limpieza básica hasta el análisis complejo de texto. La práctica regular con estas funciones ayuda a los analistas a desarrollar fluidez en la manipulación de datos de texto.

Capítulo 23: Expresiones Regulares en SQL

Las expresiones regulares (regex) en SQL proporcionan un potente lenguaje de coincidencia de patrones para trabajar con datos de texto. Si bien las funciones básicas de cadena manejan muchas necesidades de manipulación de texto, las regex permiten a los analistas abordar escenarios más complejos de coincidencia y validación de patrones con expresiones concisas y flexibles.

La mayoría de los sistemas de bases de datos principales admiten funcionalidad regex, aunque la sintaxis y las capacidades específicas varían entre plataformas. Comprender estas diferencias ayuda a los analistas a escribir patrones regex portables que funcionen de manera consistente en diferentes entornos de bases de datos. Los conceptos básicos y los enfoques de coincidencia de patrones siguen siendo similares incluso cuando difieren los detalles específicos de implementación.

Las expresiones regulares funcionan mediante definiciones de patrones que describen estructuras de texto en lugar de coincidencias exactas. Este enfoque proporciona una flexibilidad tremenda, permitiendo que un solo patrón coincida con muchas variaciones de texto que siguen reglas similares. Los patrones básicos incluyen caracteres literales que coinciden exactamente, metacaracteres que representan clases de caracteres o cantidades, y construcciones de agrupación que combinan elementos.

Las clases de caracteres forman un bloque fundamental de los patrones regex. Estas permiten la coincidencia de categorías de caracteres en lugar de valores específicos. Las clases comunes incluyen dígitos, letras, espacios en blanco y conjuntos de caracteres definidos por el usuario. Comprender las clases de caracteres ayuda a los analistas a escribir patrones que manejan eficazmente las variaciones en los datos de texto.

Los cuantificadores controlan cuántas veces pueden coincidir los elementos del patrón. Estos incluyen operadores para elementos opcionales, elementos repetidos y rangos de conteo específicos. Dominar los cuantificadores ayuda a los analistas a escribir patrones que acomodan longitudes de texto variables y componentes opcionales mientras mantienen reglas de coincidencia precisas.

Los anclajes y límites ayudan a controlar dónde coinciden los patrones dentro del texto. Los anclajes de inicio y fin aseguran que los patrones coincidan con cadenas completas en lugar de contenido parcial. Los límites de palabras ayudan a identificar términos distintos dentro del texto. Los controles de posición ayudan a los analistas a escribir patrones precisos que coinciden con texto en contextos específicos.

La agrupación y captura proporcionan formas de extraer porciones específicas del texto coincidente. Los paréntesis crean grupos que pueden ser referenciados o extraídos separadamente de la coincidencia general. Los grupos de captura resultan especialmente valiosos cuando los analistas necesitan extraer información estructurada de datos de texto semiestructurados.

La alternación permite que los patrones coincidan con múltiples alternativas. El operador de barra vertical separa patrones alternativos, coincidiendo si cualquier alternativa coincide. Esta capacidad ayuda a los analistas a manejar variaciones en formatos de texto o terminología a través de definiciones de patrón único.

La coincidencia codiciosa versus perezosa afecta cómo los patrones manejan múltiples coincidencias posibles. Comprender estos comportamientos ayuda a los analistas a controlar la coincidencia de patrones con precisión, especialmente cuando se trabaja con elementos anidados o repetidos. La elección entre coincidencia codiciosa y perezosa a menudo impacta en la precisión de la extracción de texto.

Las aserciones de búsqueda hacia adelante y hacia atrás permiten la coincidencia de patrones basada en el contexto circundante sin incluir ese contexto en la coincidencia. Estas aserciones de ancho cero ayudan a los analistas a escribir patrones precisos que consideran el contexto del texto mientras extraen porciones específicas. Si bien son poderosas, estas características avanzadas requieren pruebas cuidadosas para asegurar un comportamiento correcto.

Las secuencias de escape manejan caracteres especiales y metacaracteres dentro de los patrones. Comprender cuándo y cómo escapar caracteres ayuda a los analistas a escribir patrones que coincidan correctamente con texto literal que contiene metacaracteres regex. Diferentes sistemas de bases de datos pueden requerir diferentes enfoques de escape.

La optimización de patrones afecta significativamente el rendimiento de las regex. Los patrones complejos pueden volverse computacionalmente costosos, especialmente al procesar campos de texto grandes o muchas filas. Comprender cómo la estructura del patrón impacta el rendimiento ayuda a los analistas a escribir expresiones regex eficientes que mantienen un buen rendimiento de consulta.

Las pruebas y depuración de patrones regex requieren enfoques sistemáticos. Desglosar patrones complejos en componentes, probar con datos de muestra diversos y comprender el comportamiento de coincidencia de patrones ayuda a los analistas a desarrollar y validar soluciones regex de manera efectiva. Muchas herramientas en línea admiten pruebas y visualización de regex.

Los patrones regex comunes emergen en muchos escenarios de análisis de texto. Estos incluyen patrones para validar direcciones de correo electrónico, números de teléfono, fechas y otros formatos de texto estructurado. Construir una biblioteca de patrones probados ayuda a los analistas a manejar requisitos comunes de manera eficiente mientras aseguran enfoques de validación consistentes.

El manejo de errores se vuelve importante cuando se trabaja con regex en entornos de producción. Los patrones inválidos o datos de texto inesperados pueden causar fallos en las consultas. Comprender cómo manejar errores regex y validar patrones ayuda a los analistas a construir soluciones robustas de procesamiento de texto.

La integración con otras funciones de cadena extiende las capacidades regex. Muchos requisitos de análisis de texto combinan coincidencia de patrones regex con funciones estándar de manipulación de cadenas. Comprender cómo combinar estas herramientas de manera efectiva ayuda a los analistas a construir soluciones integrales de procesamiento de texto.

La optimización del rendimiento para consultas con uso intensivo de regex requiere atención cuidadosa. Los índices pueden no ayudar con operaciones regex, haciendo que la eficiencia del patrón sea crucial para el rendimiento. Estrategias como preprocesar texto, limitar la complejidad del patrón y una estructura cuidadosa de consultas ayudan a mantener un rendimiento aceptable.

Las expresiones regulares representan una herramienta poderosa en el conjunto de herramientas del analista SQL. Si bien requieren un estudio cuidadoso para dominarlas, la flexibilidad y el poder que proporcionan para la coincidencia de patrones de texto justifica la inversión en aprenderlas a fondo. La práctica regular con patrones cada vez más complejos ayuda a los analistas a desarrollar fuertes habilidades en regex.

El futuro de las regex en SQL continúa evolucionando con las crecientes necesidades de análisis de texto. Los nuevos requisitos en torno al análisis de datos no estructurados y la extracción de texto impulsan el desarrollo continuo de las capacidades regex. Mantenerse al día con estos desarrollos ayuda a los analistas a aprovechar todo el poder de las expresiones regulares en su trabajo.

Dominar las expresiones regulares permite a los analistas manejar requisitos complejos de procesamiento de texto de manera eficiente. Si bien la curva de aprendizaje puede ser pronunciada, la capacidad de escribir expresiones precisas y flexibles de coincidencia de patrones resulta invaluable en muchos escenarios de análisis de datos. La práctica continua y la exploración ayuda a los analistas a desarrollar confianza en la aplicación efectiva de soluciones regex.

Capítulo 24: Técnicas de Limpieza de Datos

La limpieza de datos representa uno de los aspectos más críticos y que consumen más tiempo del análisis de datos. Mientras los analistas a menudo se centran en aprender técnicas analíticas complejas, la realidad es que gran parte de su tiempo se dedica a preparar y limpiar datos para hacerlos adecuados para el análisis. Comprender las técnicas efectivas de limpieza de datos en SQL ayuda a los analistas a manejar problemas comunes de calidad de datos de manera eficiente mientras mantienen la integridad de los datos.

• • • •

LA LIMPIEZA DE DATOS comienza con la comprensión de la naturaleza y el alcance de los problemas de calidad de datos. Los problemas comunes incluyen formato inconsistente, valores inválidos, errores estructurales y problemas de estandarización. SQL proporciona numerosas herramientas y técnicas para identificar y abordar estos desafíos sistemáticamente.

• • • •

LA ESTANDARIZACIÓN de valores forma una parte fundamental de la limpieza de datos. Diferentes sistemas y usuarios a menudo representan la misma información de diversas maneras. Por ejemplo, los nombres de estados pueden aparecer como nombres completos, códigos de dos letras o casos mixtos. Las funciones de cadena de SQL ayudan a crear representaciones consistentes a través de la estandarización de mayúsculas y minúsculas, recorte de espacios en blanco y normalización basada en patrones.

• • • •

LA VALIDACIÓN DE VALORES asegura que los datos cumplan con las reglas de negocio y restricciones lógicas. Esto incluye verificar rangos válidos en campos numéricos, formatos apropiados para fechas y categorías válidas en campos de clasificación. Los operadores de comparación y declaraciones CASE de SQL ayudan a implementar reglas de validación efectivamente. Cuando se encuentran valores inválidos, los analistas deben decidir si corregirlos, marcarlos o eliminarlos según los requisitos del negocio.

• • • •

LA LIMPIEZA ESTRUCTURAL aborda problemas con la organización de datos y relaciones. Esto puede involucrar dividir campos concatenados, combinar datos fragmentados o reestructurar información jerárquica. Las funciones de manipulación de cadenas y transformaciones de tablas de SQL ayudan a reorganizar datos en estructuras más apropiadas para el análisis.

• • • •

LA ESTANDARIZACIÓN de formato asegura una representación consistente de tipos de datos y formatos. Esto incluye estandarizar formatos de fecha, formatos de números y patrones de texto. Las funciones de conversión de SQL ayudan a transformar datos entre formatos mientras mantienen la integridad de los datos. Comprender los requisitos del formato objetivo ayuda a los analistas a elegir enfoques de estandarización apropiados.

• • • •

LA DEDUPLICACIÓN IDENTIFICA y maneja registros duplicados apropiadamente. Esto requiere definir qué constituye un duplicado, identificar registros coincidentes y determinar cómo manejar duplicados. SQL proporciona varias técnicas para identificar duplicados a través de funciones de agrupación y ventana. El enfoque específico depende de las reglas de negocio sobre qué constituye un verdadero duplicado.

• • • •

LA VALIDACIÓN DE DATOS de referencia asegura que los valores se alineen con listas de referencia válidas. Esto puede involucrar verificar contra códigos de producto válidos, IDs de cliente o listas de categorías. Las operaciones JOIN y cláusulas EXISTS ayudan a validar datos contra tablas de referencia eficientemente. Las referencias inválidas a menudo indican problemas de calidad de datos que requieren investigación.

• • • •

LA LIMPIEZA BASADA en patrones usa expresiones regulares y coincidencia de patrones para identificar y corregir patrones de texto comunes. Esto resulta especialmente valioso para limpiar campos de texto libre que deberían seguir formatos específicos. Las capacidades de regex de SQL ayudan a implementar la limpieza basada en patrones sistemáticamente.

• • • •

EL MANEJO DE NULOS requiere una consideración cuidadosa durante la limpieza de datos. Diferentes sistemas pueden representar valores faltantes de manera diferente, usando nulos, cadenas vacías o valores especiales. Las funciones COALESCE y NULLIF de SQL ayudan a estandarizar el manejo de nulos a través de conjuntos de datos. Comprender el significado comercial de los valores nulos guía estrategias de manejo apropiadas.

• • • •

LA VALIDACIÓN ENTRE campos asegura que las relaciones lógicas entre campos relacionados permanezcan válidas. Esto puede involucrar verificar secuencias de fechas, relaciones numéricas o jerarquías categóricas. Los operadores de comparación y lógica de casos de SQL ayudan a implementar reglas de validación entre campos efectivamente.

• • • •

LOS PROCESOS DE LIMPIEZA automatizados ayudan a manejar problemas recurrentes de calidad de datos eficientemente. Esto puede involucrar crear procedimientos almacenados o trabajos programados que apliquen reglas de limpieza estándar a datos entrantes. Las capacidades procedurales de SQL apoyan la construcción de procesos de limpieza automatizados robustos.

• • • •

LOS RASTROS DE AUDITORÍA rastrean acciones de limpieza y sus impactos. Esto ayuda a los analistas a entender qué cambios se realizaron y por qué, apoyando tanto la validación como la reversión si es necesario. La capacidad de SQL para registrar cambios y mantener registros de auditoría ayuda a documentar procesos de limpieza efectivamente.

• • • •

LAS CONSIDERACIONES de rendimiento se vuelven importantes al limpiar grandes conjuntos de datos. Las técnicas eficientes de SQL, indexación apropiada y procesamiento por lotes ayudan a mantener un rendimiento aceptable durante operaciones de limpieza. Comprender cómo las operaciones de limpieza impactan el rendimiento de la base de datos ayuda a los analistas a diseñar procesos eficientes.

• • • •

LAS MÉTRICAS DE CALIDAD ayudan a medir la efectividad de los procesos de limpieza. Esto puede incluir el seguimiento de tasas de error, recuentos de corrección y resultados de validación. Las capacidades de agregación de SQL ayudan a construir métricas de calidad significativas que guían mejoras en el proceso.

• • • •

LA DOCUMENTACIÓN DE reglas y procesos de limpieza resulta esencial para mantener la consistencia y la transferencia de conocimiento. Esto incluye documentar reglas de negocio, implementaciones técnicas y manejo de casos extremos. La documentación clara ayuda a los equipos a mantener prácticas de limpieza consistentes a lo largo del tiempo.

• • • •

PROBAR PROCESOS DE limpieza exhaustivamente ayuda a asegurar que manejen varios escenarios correctamente. Esto incluye pruebas con casos extremos, datos inválidos y patrones inesperados. Las capacidades de transacción de SQL ayudan a probar procesos de limpieza de manera segura antes de aplicarlos a datos de producción.

• • • •

LA INTEGRACIÓN CON procesos de negocio asegura que la limpieza se alinee con requisitos operacionales. Esto puede involucrar coordinar con procesos de entrada de datos, interfaces de sistema o requisitos de informes. Comprender cómo se usarán los datos limpios ayuda a guiar estrategias de limpieza apropiadas.

• • • •

EL MANTENIMIENTO DE procesos de limpieza requiere atención continua a medida que evolucionan los requisitos comerciales y patrones de datos. La revisión y actualizaciones regulares ayudan a asegurar que los procesos de limpieza permanezcan efectivos y eficientes. La flexibilidad de SQL apoya la adaptación de procesos de limpieza según cambien las necesidades.

• • • •

LA LIMPIEZA DE DATOS representa un proceso continuo en lugar de un proyecto único. Nuevos problemas de calidad de datos emergen a medida que cambian los sistemas y requisitos. Construir procesos de limpieza robustos y mantenibles ayuda a los analistas a manejar desafíos de calidad de datos efectivamente a lo largo del tiempo.

• • • •

LA INVERSIÓN EN UNA limpieza de datos minuciosa paga dividendos a través de resultados de análisis más confiables y mayor confianza en decisiones basadas en datos. Si bien la limpieza puede no ser el aspecto más emocionante del análisis de datos, sigue siendo fundamental para producir perspectivas analíticas confiables.

Capítulo 25: Manejo de Valores Faltantes

Los valores faltantes representan uno de los aspectos más comunes pero desafiantes del análisis de datos. Si bien los datos faltantes pueden parecer un problema simple a primera vista, requieren una consideración cuidadosa y toma de decisiones estratégica para manejarlos adecuadamente. El enfoque adoptado puede impactar significativamente los resultados analíticos y las perspectivas empresariales.

Comprender por qué faltan los datos proporciona un contexto crucial para manejarlos apropiadamente. Los valores faltantes pueden ocurrir por varias razones: los datos pueden no ser aplicables, no haberse recopilado o haberse perdido durante el procesamiento. Cada escenario podría requerir una estrategia de manejo diferente. SQL proporciona varias herramientas y técnicas para identificar y manejar valores faltantes de manera efectiva.

El primer paso para manejar valores faltantes implica identificarlos correctamente. En SQL, los valores faltantes generalmente se representan como NULL, pero algunos sistemas pueden usar cadenas vacías, valores específicos como 999 u otros marcadores. El operador IS NULL ayuda a identificar valores nulos, mientras que los operadores de comparación ayudan a encontrar otras representaciones de datos faltantes. Comprender cómo se representan los valores faltantes en su conjunto de datos específico es crucial para manejarlos adecuadamente.

Las estrategias simples de reemplazo a menudo sirven como punto de partida para manejar valores faltantes. La función COALESCE proporciona una forma directa de reemplazar valores NULL con valores predeterminados. Por ejemplo, reemplazar valores numéricos faltantes con cero o texto faltante con 'Desconocido' puede ser apropiado en algunos casos. Sin embargo, las estrategias simples de reemplazo deben usarse con precaución ya que pueden introducir sesgos en los análisis.

El reemplazo estadístico ofrece enfoques más sofisticados para manejar valores faltantes. Esto puede implicar reemplazar valores faltantes con medias, medianas o modas calculadas a partir de datos disponibles. Las funciones de agregación de SQL admiten el cálculo de estas medidas estadísticas, que luego pueden aplicarse para reemplazar valores faltantes. La elección de la medida estadística depende de la distribución de datos y los requisitos de análisis.

Las estrategias de reemplazo condicional consideran el contexto de los valores faltantes al determinar los reemplazos. Esto puede implicar usar diferentes valores de reemplazo basados en otros campos o reglas comerciales. Las expresiones CASE de SQL proporcionan herramientas poderosas para implementar estrategias de reemplazo condicional. Este enfoque ayuda a mantener relaciones más significativas en los datos.

La imputación múltiple representa una técnica más avanzada para manejar valores faltantes. Esto implica crear múltiples versiones del conjunto de datos con diferentes valores imputados, luego combinar resultados entre versiones. Si bien las implementaciones puras de imputación múltiple en SQL pueden ser complejas, combinar SQL con herramientas estadísticas proporciona soluciones poderosas para necesidades sofisticadas de imputación.

Los datos categóricos presentan desafíos únicos para el manejo de valores faltantes. El reemplazo simple con modas puede funcionar en algunos casos, pero mantener distribuciones de categorías adecuadas a menudo requiere enfoques más sofisticados. Las funciones de ventana de SQL ayudan a implementar un manejo más matizado de valores categóricos faltantes.

Los datos de series temporales requieren una consideración especial al manejar valores faltantes. La interpolación lineal, última observación llevada adelante (LOCF) o siguiente observación llevada hacia atrás (NOCB) pueden ser apropiadas según la naturaleza de los datos. Las funciones de ventana y funciones de fecha/hora de SQL admiten la implementación de varias estrategias de imputación de series temporales.

La documentación del manejo de valores faltantes resulta crucial para mantener la transparencia y reproducibilidad. Esto incluye documentar la justificación de las estrategias elegidas, detalles de implementación y cualquier suposición realizada. La documentación clara ayuda a otros a comprender y validar el manejo de valores faltantes.

El análisis de impacto ayuda a comprender cómo el manejo de valores faltantes afecta los resultados analíticos. Esto puede implicar comparar resultados con diferentes estrategias de manejo o analizar la sensibilidad de las conclusiones a las suposiciones de valores faltantes. La capacidad de SQL para mantener múltiples versiones de datos manejados admite un análisis de impacto exhaustivo.

El análisis de patrones de valores faltantes a menudo revela perspectivas importantes. Los valores faltantes pueden seguir patrones relacionados con períodos específicos, categorías u otros factores. Las funciones de agregación y ventana de SQL ayudan a analizar patrones de valores faltantes sistemáticamente. Comprender estos patrones a menudo guía estrategias de manejo apropiadas.

La validación de valores faltantes manejados asegura que el enfoque elegido mantiene la integridad de los datos y las reglas comerciales. Esto incluye verificar rangos de valores, relaciones entre campos y distribuciones generales de datos. Los operadores de comparación y funciones de agregación de SQL admiten una validación integral de datos manejados.

Las consideraciones de rendimiento se vuelven importantes al manejar valores faltantes en grandes conjuntos de datos. Las técnicas SQL eficientes, la indexación apropiada y el procesamiento por lotes ayudan a mantener un rendimiento aceptable. Comprender cómo el manejo de valores faltantes impacta el rendimiento de la base de datos ayuda a diseñar soluciones eficientes.

La integración con procesos más amplios de calidad de datos asegura que el manejo de valores faltantes se alinee con las estrategias generales de gestión de datos. Esto puede implicar la coordinación con procesos de recopilación de datos, monitoreo de calidad o requisitos de informes. Comprender cómo se utilizarán los datos manejados ayuda a guiar estrategias apropiadas.

El manejo de valores faltantes a menudo requiere mantenimiento continuo a medida que evolucionan los patrones de datos y los requisitos comerciales. La revisión y actualizaciones regulares ayudan a asegurar que las estrategias de manejo permanezcan efectivas y apropiadas. La flexibilidad de SQL admite la adaptación del manejo de valores faltantes según cambien las necesidades.

Los valores faltantes representan un desafío continuo en el análisis de datos, requiriendo consideración cuidadosa y manejo estratégico. Si bien ningún enfoque único funciona para todas las situaciones, comprender varias técnicas SQL para manejar valores faltantes ayuda a los analistas a elegir estrategias apropiadas para sus necesidades específicas. La inversión en el manejo adecuado de valores faltantes respalda perspectivas analíticas más confiables y significativas.

Capítulo 26: Tratamiento de Duplicados

Los registros duplicados en las bases de datos pueden impactar significativamente la calidad de los datos y la precisión analítica. Como analistas de datos, frecuentemente encontramos datos duplicados que deben ser identificados y manejados apropiadamente para asegurar que nuestros análisis proporcionen información confiable. Este capítulo explora estrategias integrales para gestionar duplicados usando SQL.

Los duplicados pueden surgir de varias fuentes, incluyendo errores de entrada de datos, problemas de integración de sistemas o procesos comerciales legítimos. Entender la fuente de los duplicados ayuda a determinar la estrategia de manejo apropiada. Algunos duplicados pueden representar eventos realmente repetidos, mientras que otros pueden ser copias erróneas que necesitan ser eliminadas.

El primer paso para tratar con duplicados implica identificarlos con precisión. Los duplicados simples donde todas las columnas coinciden exactamente pueden encontrarse usando las cláusulas GROUP BY y HAVING. Los escenarios más complejos involucran duplicados parciales donde solo ciertas columnas coinciden o donde existen ligeras variaciones entre registros que de otro modo serían idénticos.

Para duplicados exactos, un enfoque común utiliza ROW_NUMBER() para identificar filas duplicadas:

```
SELECT * FROM (
SELECT *, ROW_NUMBER() OVER (PARTITION BY key_columns ORDER BY some_column) as rn
FROM table_name
) t WHERE rn > 1
```

Esta consulta identifica todas las ocurrencias excepto la primera de cada conjunto duplicado. La elección de columnas para la partición depende de lo que constituye un duplicado en tu contexto específico.

La coincidencia aproximada presenta un escenario más desafiante al tratar con duplicados. Los registros pueden representar la misma entidad a pesar de tener ligeras variaciones en ortografía o formato. Las funciones de cadena SQL y las métricas de similitud ayudan a identificar estos registros casi duplicados. Las técnicas comunes incluyen comparar versiones normalizadas de cadenas o usar funciones especializadas de coincidencia aproximada cuando estén disponibles en tu sistema de base de datos.

Las reglas de negocio a menudo guían las estrategias de manejo de duplicados. Algunos sistemas pueden necesitar retener todos los duplicados mientras los marcan apropiadamente, otros pueden requerir fusionar registros duplicados, y otros pueden exigir eliminar todas las instancias excepto una. SQL proporciona varias herramientas para implementar cada uno de estos enfoques.

Al eliminar duplicados, elegir qué registro mantener requiere una consideración cuidadosa. Las estrategias comunes incluyen mantener el registro más reciente, el más completo o el registro con valores de atributos específicos. Las funciones de ventana ayudan a implementar estos criterios de selección de manera eficiente.

La fusión de duplicados a menudo proporciona una mejor solución que la simple eliminación. Esto implica combinar información de múltiples registros en un único registro integral. Las funciones de agregación de SQL y las expresiones CASE admiten estrategias sofisticadas de fusión que preservan información importante de todos los registros duplicados.

Los aspectos temporales a menudo complican el manejo de duplicados. Los registros pueden representar la misma entidad en diferentes momentos, requiriendo una consideración cuidadosa de si realmente constituyen duplicados. Las funciones de fecha y hora de SQL ayudan a analizar y manejar duplicados temporales apropiadamente.

La prevención resulta tan importante como el manejo de duplicados existentes. Las restricciones únicas y los índices ayudan a prevenir la inserción de duplicados, pero pueden no detectar todos los casos, especialmente con duplicados aproximados. Los procesos regulares de monitoreo y limpieza ayudan a mantener la calidad de los datos a lo largo del tiempo.

La documentación de las decisiones e implementaciones de manejo de duplicados respalda el mantenimiento y la reproducibilidad. Esto incluye documentar los criterios para identificar duplicados, las estrategias elegidas y cualquier suposición realizada. Una documentación clara ayuda a otros a entender y validar los enfoques de manejo de duplicados.

Las consideraciones de rendimiento se vuelven cruciales al tratar con duplicados en conjuntos de datos grandes. Las estrategias de indexación eficientes y el procesamiento por lotes ayudan a mantener un rendimiento aceptable. Entender cómo la detección y el manejo de duplicados impactan el rendimiento de la base de datos ayuda a diseñar soluciones eficientes.

La validación del manejo de duplicados asegura que el enfoque elegido mantiene la integridad de los datos y las reglas de negocio. Esto incluye verificar que no se haya perdido información importante, que las relaciones entre tablas permanezcan válidas y que la calidad general de los datos haya mejorado.

La integración con procesos más amplios de calidad de datos asegura que el manejo de duplicados se alinee con las estrategias generales de gestión de datos. Esto puede involucrar la coordinación con procesos de entrada de datos, monitoreo de calidad o requisitos de informes. Entender cómo se utilizarán los datos manejados ayuda a guiar estrategias apropiadas.

El monitoreo de nuevos duplicados ayuda a mantener la calidad de los datos a lo largo del tiempo. Las verificaciones regulares de registros duplicados y el análisis de patrones de duplicados apoyan la gestión proactiva de la calidad de datos. Las funciones de agregación y ventana de SQL ayudan a implementar procesos de monitoreo efectivos.

El impacto del manejo de duplicados en los procesos posteriores requiere una consideración cuidadosa. Esto incluye entender cómo la eliminación o fusión de duplicados afecta a los informes, análisis y otros consumidores de datos. Probar enfoques de manejo de duplicados con casos de uso reales ayuda a asegurar que las estrategias elegidas cumplan con las necesidades del negocio.

A medida que los volúmenes de datos crecen y los sistemas se vuelven más interconectados, el manejo efectivo de duplicados se vuelve cada vez más importante. Si bien ningún enfoque único funciona para todas las situaciones, comprender varias técnicas SQL para manejar duplicados ayuda a los analistas a elegir estrategias apropiadas para sus necesidades específicas. La inversión en el manejo adecuado de duplicados respalda información analítica más confiable y significativa.

Capítulo 27: Conversión y Casting de Tipos de Datos

La conversión y transformación de tipos de datos representan habilidades esenciales en el conjunto de herramientas del analista SQL, permitiéndonos transformar y manipular datos entre diferentes formatos según sea necesario para el análisis. Comprender cómo convertir efectivamente los tipos de datos ayuda a asegurar cálculos precisos, comparaciones adecuadas y resultados significativos en nuestras consultas.

Las bases de datos SQL imponen un tipado estricto de datos para mantener la integridad de los mismos, pero los requisitos analíticos a menudo necesitan convertir datos de un tipo a otro. Las funciones CAST y CONVERT sirven como las herramientas principales para estas transformaciones, aunque su sintaxis varía ligeramente entre diferentes sistemas de bases de datos.

La sintaxis básica para la conversión utiliza la función CAST o el operador de conversión más conciso (::). Por ejemplo, convertir una cadena a un entero puede lograrse mediante CAST(nombre_columna AS INTEGER) o nombre_columna::INTEGER en algunos sistemas. Si bien ambos enfoques logran el mismo resultado, CAST ofrece mejor legibilidad y mayor compatibilidad entre diferentes plataformas de bases de datos.

Las conversiones implícitas ocurren cuando el motor de la base de datos convierte automáticamente los tipos de datos sin instrucciones explícitas. Aunque conveniente, depender de conversiones implícitas puede llevar a resultados inesperados o problemas de rendimiento. Comprender cuándo ocurren las conversiones implícitas ayuda a escribir consultas más confiables y evitar posibles inconvenientes.

La conversión entre tipos numéricos requiere atención especial a la precisión y escala. Al convertir de tipos numéricos mayores a menores o de valores decimales a enteros, puede ocurrir pérdida de datos por truncamiento o redondeo. El manejo adecuado de estas conversiones asegura la precisión analítica y previene resultados inesperados.

Las conversiones de cadena a número presentan desafíos comunes en el análisis de datos. No todos los valores de cadena pueden convertirse exitosamente a números, y el intento de convertir cadenas inválidas resulta en errores. Las prácticas de codificación defensiva incluyen validar los formatos de cadena antes de la conversión y manejar adecuadamente los posibles fallos de conversión.

Las conversiones de fecha y hora resultan particularmente desafiantes debido a los diferentes formatos y configuraciones regionales. Las funciones TO_DATE y TO_TIMESTAMP proporcionan herramientas poderosas para convertir cadenas a valores de fecha/hora, pero requieren atención especial a las especificaciones de formato. Comprender los patrones de formato de fecha/hora ayuda a asegurar conversiones precisas.

Las conversiones booleanas soportan operaciones lógicas y filtrado. Diferentes sistemas de bases de datos representan valores booleanos de manera diferente, algunos usando 1/0, otros usando TRUE/FALSE o 'Y'/'N'. Convertir entre estas representaciones requiere comprender tanto los formatos de origen como de destino.

El manejo de NULL durante la conversión de tipos requiere atención especial. Los valores NULL mantienen su estado NULL a través de la mayoría de las conversiones, pero algunas operaciones pueden producir resultados inesperados cuando hay valores NULL involucrados. Probar la lógica de conversión con valores NULL ayuda a asegurar un manejo adecuado.

Las implicaciones de rendimiento de las conversiones de tipo pueden impactar significativamente la ejecución de consultas, especialmente con conjuntos de datos grandes. Las conversiones que impiden el uso de índices afectan particularmente al rendimiento.

Comprender estos impactos ayuda a optimizar consultas que involucran conversiones de tipo.

Trabajar con tipos de datos JSON o XML a menudo requiere convertir entre formatos estructurados y no estructurados. Las bases de datos modernas proporcionan funciones especializadas para estas conversiones, permitiendo el análisis de estructuras de datos complejas dentro de consultas SQL.

Las conversiones de tipos de array y compuestos soportan el análisis de estructuras de datos complejas. Aunque no están disponibles en todos los sistemas de bases de datos, comprender estas conversiones ayuda a trabajar con formatos de datos modernos y requisitos analíticos.

El manejo de errores durante la conversión de tipos previene fallos en las consultas y asegura un análisis robusto. La función TRY_CAST, disponible en algunos sistemas, proporciona una alternativa más segura a CAST al devolver NULL en lugar de fallar cuando la conversión no es posible.

Mantener la calidad de los datos a través de las conversiones requiere estrategias de validación y limpieza. Esto incluye verificar la pérdida de datos, validar resultados y documentar suposiciones y limitaciones de conversión.

Las mejores prácticas para la conversión de tipos incluyen especificar explícitamente las conversiones en lugar de depender de la conversión implícita, validar datos antes de la conversión y manejar apropiadamente los casos extremos. Seguir estas prácticas ayuda a asegurar código confiable y mantenible.

El impacto de la conversión de tipos de datos se extiende más allá de las consultas individuales para afectar el diseño y la optimización de la base de datos. Comprender los requisitos de conversión ayuda a informar decisiones sobre tipos de datos de columnas y estrategias de indexación.

La integración con herramientas de informes a menudo requiere consideraciones específicas de tipos de datos. Diferentes herramientas pueden esperar formatos de datos particulares, haciendo de la conversión una parte importante del proceso de integración.

A medida que evolucionan los requisitos de análisis de datos, surgen nuevos tipos de datos y necesidades de conversión. Mantenerse actualizado con las capacidades de la base de datos y las técnicas de conversión ayuda a los analistas a adaptarse a los requisitos cambiantes y aprovechar las nuevas características.

Mediante una atención cuidadosa a los principios y prácticas de conversión de tipos de datos, los analistas pueden asegurar una manipulación de datos precisa y eficiente mientras mantienen la calidad de los datos y el rendimiento de las consultas. Esta habilidad fundamental respalda análisis más sofisticados y resultados confiables.

Capítulo 28: Creación de Campos Calculados

La creación de campos calculados representa una habilidad fundamental que transforma datos brutos en métricas empresariales significativas. Estas columnas derivadas, calculadas a partir de datos existentes, permiten a los analistas descubrir perspectivas que de otro modo podrían permanecer ocultas en la base de datos. Comprender cómo crear y utilizar eficazmente los campos calculados abre nuevas posibilidades analíticas y simplifica requisitos complejos de informes.

En su esencia, un campo calculado combina una o más columnas existentes utilizando operaciones matemáticas, funciones o lógica condicional para producir nuevos valores. Estos cálculos pueden variar desde aritmética simple hasta implementaciones de lógica empresarial compleja. Por ejemplo, calcular un margen de beneficio podría implicar restar costos de ingresos y dividir por ingresos, mientras que cálculos más complejos podrían incorporar múltiples condiciones y agregaciones.

Los operadores aritméticos forman la base de muchos campos calculados. Las operaciones de suma, resta, multiplicación y división combinan valores numéricos para crear métricas significativas. Al trabajar con estos operadores, comprender la precedencia de operadores se vuelve crucial para asegurar que los cálculos procedan en el orden previsto. Los paréntesis ayudan a controlar el orden de cálculo y mejoran la legibilidad de las consultas.

La concatenación de cadenas representa otro caso de uso común para campos calculados. Al combinar valores de texto de múltiples columnas, los analistas pueden crear visualizaciones más informativas o formateo estandarizado. El operador de concatenación varía entre sistemas de bases de datos, algunos usando + y otros usando ||, pero el concepto permanece consistente en todas las plataformas.

Las funciones matemáticas extienden las capacidades de los campos calculados más allá de la aritmética básica. Funciones como ROUND, CEILING, FLOOR y ABS ayudan a gestionar la precisión numérica y manejar casos especiales. Funciones más avanzadas como POWER, SQRT y funciones logarítmicas soportan análisis matemáticos sofisticados.

La aritmética de fechas permite cálculos basados en tiempo cruciales para el análisis empresarial. Sumar o restar intervalos de fechas, calcular diferencias entre fechas y extraer componentes específicos de valores datetime contribuyen a las capacidades de análisis temporal. Comprender la aritmética de fechas ayuda a analizar tendencias, medir duraciones y rastrear cambios a lo largo del tiempo.

Los cálculos anidados permiten la implementación de lógica compleja dentro de campos calculados. Al combinar múltiples operaciones y funciones, los analistas pueden crear valores derivados sofisticados que capturan reglas de negocio complejas o requisitos analíticos. Si bien son poderosos, los cálculos anidados requieren atención cuidadosa a la legibilidad y consideraciones de mantenimiento.

Los alias de columna mejoran la legibilidad de las consultas al trabajar con campos calculados. Al proporcionar nombres significativos a las columnas derivadas, los analistas hacen sus consultas más comprensibles y mantenibles. Las convenciones de nomenclatura consistentes para campos calculados ayudan a establecer una documentación clara de la lógica analítica.

La reusabilidad se vuelve importante al trabajar con cálculos frecuentemente utilizados. Los cálculos comunes pueden encapsularse en vistas o funciones definidas por el usuario, promoviendo la consistencia y reduciendo la sobrecarga de mantenimiento. Este enfoque ayuda a estandarizar métricas empresariales en toda la organización.

Las consideraciones de rendimiento juegan un papel crucial en la implementación de campos calculados. Los cálculos complejos pueden impactar el tiempo de ejecución de consultas, especialmente con conjuntos de datos grandes. Comprender cómo optimizar campos calculados mediante estrategias adecuadas de indexación y materialización ayuda a mantener un rendimiento aceptable.

La gestión de tipos de datos afecta la precisión y fiabilidad de los campos calculados. Asegurar tipos de datos apropiados para resultados intermedios y finales previene truncamiento, errores de redondeo y condiciones de desbordamiento. La conversión explícita ayuda a controlar el comportamiento de conversión de tipos de datos en los cálculos.

El manejo de errores en campos calculados previene fallos en las consultas y asegura resultados confiables. Técnicas de programación defensiva como verificación de NULL y prevención de división por cero ayudan a crear cálculos robustos. Comprender cómo manejar casos extremos y valores inesperados contribuye a la fiabilidad del cálculo.

Los campos calculados frecuentemente implementan reglas de negocio y definiciones de métricas. La documentación clara de la lógica de cálculo, suposiciones y limitaciones ayuda a mantener la consistencia en los informes empresariales. El control de versiones para definiciones de campos calculados soporta requisitos de auditoría y gestión de cambios.

La integración con herramientas de visualización requiere atención a la implementación de campos calculados. Diferentes herramientas pueden manejar cálculos de manera diferente o imponer requisitos específicos en la estructura de datos. Comprender estos requisitos ayuda a crear campos calculados que funcionen efectivamente en varias plataformas.

Probar exhaustivamente los campos calculados asegura precisión y fiabilidad. Esto incluye validar resultados contra valores conocidos, probar casos extremos y verificar el rendimiento con volúmenes de datos representativos. Las pruebas exhaustivas ayudan a prevenir problemas en entornos de producción.

Las consideraciones de mantenimiento influyen en el diseño de campos calculados. Una estructura clara, documentación apropiada e implementación modular ayudan a gestionar la complejidad y soportan el mantenimiento a largo plazo. La revisión regular de campos calculados ayuda a identificar oportunidades de optimización o consolidación.

Los campos calculados soportan varias técnicas analíticas incluyendo análisis de tendencias, métricas comparativas e indicadores de rendimiento. Comprender cómo combinar y manipular datos efectivamente a través de campos calculados permite análisis sofisticados y perspectivas significativas.

A través del dominio de técnicas de campos calculados, los analistas pueden transformar datos brutos en perspectivas accionables mientras mantienen el rendimiento, fiabilidad y mantenibilidad. Esta habilidad fundamental soporta requisitos de análisis cada vez más sofisticados y ayuda a derivar el máximo valor de los activos de datos organizacionales.

Capítulo 29: Lógica Condicional con Sentencias CASE

La lógica condicional mediante sentencias CASE representa una de las características más potentes y flexibles en SQL, permitiendo a los analistas implementar reglas de negocio complejas y crear categorizaciones matizadas directamente en sus consultas. Esta capacidad transforma la simple extracción de datos en análisis sofisticados aplicando lógica ramificada similar a las declaraciones if-then-else encontradas en otros lenguajes de programación.

La sentencia CASE viene en dos formas principales: expresiones CASE simples que comparan un único valor contra múltiples posibles coincidencias, y expresiones CASE de búsqueda que evalúan múltiples condiciones booleanas independientes. La forma simple resulta particularmente útil al mapear valores discretos a categorías o etiquetas, mientras que la forma de búsqueda ofrece mayor flexibilidad para lógica condicional compleja que involucra múltiples columnas o condiciones.

Al implementar sentencias CASE, el orden de evaluación se vuelve crucial. SQL procesa las condiciones secuencialmente, deteniéndose en la primera condición que coincida. Este comportamiento requiere atención cuidadosa al ordenamiento de condiciones, particularmente cuando se manejan condiciones superpuestas o jerárquicas. La cláusula ELSE proporciona una red de seguridad crítica, manejando cualquier caso que no coincida con las condiciones especificadas y previniendo valores NULL inesperados en los resultados.

Una aplicación común de las sentencias CASE involucra la clasificación y agrupación de datos. Los analistas frecuentemente necesitan agrupar valores continuos en categorías discretas, como convertir edades en grupos etarios o montos de ventas en categorías de tamaño. Las sentencias CASE sobresalen en esta tarea, permitiendo implementaciones claras y mantenibles de lógica de agrupación que pueden modificarse fácilmente según evolucionen los requerimientos del negocio.

Las consideraciones de rendimiento juegan un papel importante al trabajar con sentencias CASE. Si bien los motores de bases de datos modernos optimizan las expresiones CASE de manera efectiva, las condiciones complejas o conjuntos de datos grandes pueden impactar el rendimiento de las consultas. Entender cómo estructurar las condiciones eficientemente y aprovechar los índices apropiados ayuda a mantener tiempos de respuesta aceptables mientras se implementa lógica sofisticada.

Las sentencias CASE a menudo implementan reglas de negocio que cambian con el tiempo. Mantener documentación clara de la lógica, incluyendo el razonamiento detrás del orden de las condiciones y las definiciones de categorías, ayuda a asegurar la consistencia y apoya modificaciones futuras. El control de versiones para consultas que contienen lógica CASE crítica se vuelve esencial para rastrear cambios y mantener pistas de auditoría.

El manejo de errores dentro de las sentencias CASE requiere atención cuidadosa. La conversión implícita de tipos, el manejo de NULL y los casos límite pueden impactar los resultados de manera inesperada. Las técnicas de programación defensiva, como la conversión explícita de tipos y la verificación de NULL, ayudan a crear implementaciones robustas que manejan varios escenarios de datos de manera confiable.

Las sentencias CASE anidadas permiten la implementación de lógica jerárquica compleja, aunque requieren atención cuidadosa a la legibilidad y consideraciones de mantenimiento. Si bien son poderosas, las sentencias CASE profundamente anidadas pueden volverse difíciles de entender y mantener. Dividir la lógica compleja en piezas más pequeñas y manejables a menudo mejora tanto la legibilidad como la mantenibilidad.

Las sentencias CASE aparecen frecuentemente en campos calculados y columnas derivadas, permitiendo transformaciones sofisticadas de datos crudos en métricas de negocio significativas. Combinar lógica CASE con funciones de agregación crea capacidades analíticas poderosas, como suma o conteo condicional basado en criterios complejos.

La integración con herramientas de reportes y visualización requiere atención a la implementación de sentencias CASE. Diferentes herramientas pueden manejar valores NULL o tipos de datos de manera diferente, impactando cómo los resultados CASE aparecen en las salidas finales. Entender estos requerimientos ayuda a crear implementaciones robustas que funcionan consistentemente a través de varias plataformas.

Probar exhaustivamente la lógica de las sentencias CASE asegura precisión y confiabilidad. Esto incluye validar resultados contra valores conocidos, probar casos límite y verificar el rendimiento con volúmenes de datos representativos. Las pruebas exhaustivas ayudan a prevenir problemas en ambientes de producción y mantienen la calidad de los datos.

Las sentencias CASE a menudo implementan lógica de negocio crítica que afecta la toma de decisiones en toda la organización. La comunicación clara de la lógica implementada, incluyendo supuestos y limitaciones, ayuda a asegurar una interpretación consistente de los resultados a través de diferentes equipos y departamentos.

Las consideraciones de mantenimiento influyen en el diseño de sentencias CASE. Una estructura clara, comentarios apropiados y una implementación modular ayudan a manejar la complejidad y apoyan el mantenimiento a largo plazo. La revisión regular de la lógica CASE ayuda a identificar oportunidades de optimización o consolidación.

Patrones comunes emergen en el uso de sentencias CASE a través de diferentes escenarios analíticos. Estos incluyen mapeo de estados, normalización de valores, verificación de errores y lógica de categorización compleja. Entender estos patrones ayuda a los analistas a implementar rápidamente soluciones confiables para requerimientos comunes de negocio.

Las sentencias CASE soportan varias técnicas analíticas incluyendo análisis de cohortes, segmentación de clientes y categorización de desempeño. La capacidad de aplicar lógica condicional compleja directamente dentro de consultas SQL permite análisis sofisticados sin requerir procesamiento externo o múltiples pasos de consulta.

Mediante el uso efectivo de sentencias CASE, los analistas pueden implementar lógica de negocio compleja, crear categorizaciones significativas y transformar datos crudos en ideas accionables. Esta capacidad fundamental soporta requerimientos de análisis cada vez más sofisticados y ayuda a derivar el máximo valor de los activos de datos organizacionales.

Capítulo 30: Expresiones CASE Complejas

Las expresiones CASE complejas se basan en los fundamentos de la lógica condicional básica para permitir capacidades sofisticadas de análisis y transformación de datos. Mientras que las sentencias CASE simples manejan escenarios directos, las implementaciones complejas abordan requisitos empresariales de múltiples capas a través de lógica anidada, múltiples condiciones y manipulaciones intrincadas de datos.

Una de las aplicaciones más poderosas de las expresiones CASE complejas involucra árboles de decisión jerárquicos. Estas estructuras implementan reglas de negocio que dependen de múltiples condiciones interrelacionadas. Por ejemplo, al analizar segmentos de clientes, un analista podría necesitar categorizar clientes basándose en su historial de compras, nivel de compromiso y características demográficas. Esto requiere un cuidadoso anidamiento de sentencias CASE para evaluar cada criterio en el orden adecuado mientras se mantiene la claridad y el rendimiento.

Las expresiones CASE complejas a menudo incorporan operaciones matemáticas y funciones dentro de su lógica condicional. Esto permite cálculos sofisticados que varían según múltiples factores. Por ejemplo, al calcular comisiones de ventas, diferentes tasas podrían aplicarse según la categoría del producto, el volumen de ventas y factores regionales. Las expresiones CASE pueden manejar sin problemas estas reglas de cálculo variables dentro de una sola consulta.

La interacción entre expresiones CASE complejas y funciones de agregación crea capacidades analíticas particularmente poderosas. Al combinar lógica condicional con agregación, los analistas pueden calcular métricas sofisticadas como promedios ponderados, recuentos condicionales o sumas filtradas. Estos cálculos a menudo forman la base de métricas comerciales avanzadas y KPIs.

El manejo de errores se vuelve cada vez más importante a medida que las expresiones CASE crecen en complejidad. Cada condición y cálculo introduce posibles puntos de falla que deben gestionarse cuidadosamente. Las técnicas de programación defensiva, como verificar valores NULL, validar rangos numéricos y manejar casos extremos, se vuelven esenciales para crear implementaciones robustas.

La optimización del rendimiento requiere atención especial cuando se trabaja con expresiones CASE complejas. A medida que aumenta el número de condiciones y cálculos, el tiempo de ejecución de la consulta puede crecer significativamente. Comprender cómo estructurar condiciones eficientemente, aprovechar índices apropiados y minimizar cálculos redundantes ayuda a mantener un rendimiento aceptable incluso con lógica sofisticada.

La legibilidad y mantenibilidad presentan desafíos únicos con expresiones CASE complejas. Desglosar la lógica compleja en componentes manejables usando CTEs o tablas derivadas a menudo mejora ambos aspectos. El formato claro, los alias significativos y la documentación exhaustiva ayudan a otros analistas a entender y mantener la lógica a lo largo del tiempo.

Las expresiones CASE complejas frecuentemente implementan reglas de negocio que evolucionan con el tiempo. El control de versiones y la gestión de cambios se vuelven críticos para rastrear modificaciones y mantener pistas de auditoría. Documentar no solo la lógica en sí, sino también el contexto empresarial y el razonamiento detrás de implementaciones específicas ayuda a asegurar la continuidad a medida que cambian los requisitos.

Probar expresiones CASE complejas requiere un enfoque sistemático. Las pruebas unitarias de condiciones individuales, pruebas de integración de lógica combinada y pruebas de rendimiento con volúmenes de datos representativos juegan roles importantes. Crear casos de prueba exhaustivos que cubran casos extremos y escenarios inesperados ayuda a garantizar la fiabilidad en entornos de producción.

El manejo de tipos de datos se vuelve más intrincado con expresiones CASE complejas. Las conversiones implícitas de tipo pueden producir resultados inesperados, particularmente al combinar diferentes tipos de datos dentro de condiciones o cálculos. La conversión explícita de tipos y la atención cuidadosa a la compatibilidad de tipos de datos ayudan a prevenir errores sutiles en los resultados.

Las expresiones CASE complejas a menudo apoyan técnicas analíticas sofisticadas como segmentación de clientes, categorización de productos o evaluación de riesgos. Estas implementaciones frecuentemente combinan múltiples reglas de negocio y métodos de cálculo para producir insights significativos. Comprender patrones comunes y mejores prácticas en estos escenarios ayuda a los analistas a crear soluciones efectivas eficientemente.

La integración con herramientas de informes y visualización requiere una consideración cuidadosa al implementar expresiones CASE complejas. Diferentes herramientas pueden manejar valores NULL, tipos de datos o resultados de cálculos de manera diferente. Probar la salida con plataformas objetivo asegura una presentación consistente de resultados en varios contextos de informes.

La depuración de expresiones CASE complejas requiere un enfoque estructurado. Desglosar la lógica en componentes más pequeños, validar resultados intermedios y usar tablas temporales o CTEs para inspeccionar pasos de cálculo ayuda a identificar y resolver problemas eficientemente. Comprender patrones comunes de errores acelera los esfuerzos de resolución de problemas.

Las oportunidades de optimización a menudo existen dentro de expresiones CASE complejas. Revisar el orden de las condiciones, simplificar lógica redundante y consolidar condiciones similares puede mejorar tanto el rendimiento como la mantenibilidad. La revisión regular de patrones de implementación ayuda a identificar áreas de mejora.

La documentación juega un papel crucial en la gestión de expresiones CASE complejas. Más allá de los comentarios básicos, la documentación exhaustiva debe incluir contexto empresarial, documentación de supuestos, limitaciones conocidas y ejemplos de resultados esperados. Esta información de apoyo ayuda a asegurar una interpretación y aplicación consistente de la lógica implementada.

Al implementar expresiones CASE complejas, considerar el ciclo de vida completo de la solución se vuelve importante. Esto incluye desarrollo inicial, pruebas, implementación, monitoreo y eventual modificación o reemplazo. Planificar estas fases ayuda a crear implementaciones más sostenibles que sirven efectivamente a las necesidades del negocio a lo largo del tiempo.

Al dominar las expresiones CASE complejas, los analistas obtienen herramientas poderosas para implementar lógica empresarial sofisticada directamente dentro de sus consultas SQL. Esta capacidad permite flujos de trabajo de análisis más eficientes y ayuda a obtener mayor valor de los activos de datos organizacionales mientras mantiene la claridad y mantenibilidad en las implementaciones analíticas.

Capítulo 31: Operaciones de Conjunto: UNION e INTERSECT

Las operaciones de conjuntos en SQL proporcionan formas poderosas de combinar y comparar resultados de múltiples consultas, permitiendo análisis de datos sofisticados entre diferentes tablas o subconjuntos de datos. Las principales operaciones de conjuntos UNION e INTERSECT, junto con sus variantes, permiten a los analistas combinar conjuntos de resultados, encontrar registros comunes e identificar combinaciones únicas de puntos de datos.

Las operaciones UNION combinan los resultados de dos o más declaraciones SELECT en un único conjunto de resultados. El requisito clave para UNION es que el número y los tipos de datos de las columnas deben coincidir entre las consultas que se combinan. Esta operación es particularmente valiosa cuando se analizan datos que abarcan múltiples tablas con estructuras similares, como registros de transacciones de diferentes períodos o regiones almacenados en tablas separadas.

Por defecto, UNION elimina las filas duplicadas del conjunto de resultados final. Este comportamiento es a menudo deseable cuando se consolidan datos de múltiples fuentes donde podrían existir registros superpuestos. Sin embargo, cuando se necesita preservar los duplicados, se puede usar UNION ALL. UNION ALL típicamente funciona mejor que UNION porque omite el paso de eliminación de duplicados, convirtiéndolo en la opción preferida cuando los duplicados son aceptables o se sabe que no existen.

Considere un escenario donde un analista necesita combinar datos de compras de clientes tanto de sistemas en línea como de tienda física. Cada sistema mantiene sus propios registros de transacciones con estructuras de columnas coincidentes. Una operación UNION puede fusionar estos conjuntos de datos sin problemas mientras asegura que ninguna transacción se cuente dos veces, proporcionando una vista completa del comportamiento de compra del cliente en todos los canales.

Las operaciones INTERSECT identifican las filas que aparecen en ambos conjuntos de resultados, encontrando efectivamente los elementos comunes entre dos consultas. Esta operación resulta invaluable cuando los analistas necesitan identificar puntos de datos superpuestos o validar la consistencia entre diferentes fuentes de datos. Por ejemplo, al analizar el comportamiento del cliente, INTERSECT puede ayudar a identificar clientes que han realizado compras en múltiples canales o interactuado con diferentes líneas de productos.

El orden de las operaciones se vuelve importante cuando se combinan múltiples operaciones de conjuntos en una sola consulta. Al igual que con las operaciones matemáticas de conjuntos, SQL sigue reglas específicas de precedencia. Comprender estas reglas ayuda a los analistas a construir consultas complejas que reflejen con precisión sus requisitos analíticos mientras mantienen el rendimiento de la consulta.

Las consideraciones de rendimiento juegan un papel crucial cuando se trabaja con operaciones de conjuntos. Los grandes conjuntos de resultados pueden impactar el tiempo de ejecución de la consulta, particularmente cuando se utilizan operaciones UNION que requieren eliminación de duplicados. Las estrategias de indexación adecuadas y la optimización de consultas se vuelven esenciales para mantener un rendimiento aceptable a medida que crecen los volúmenes de datos.

El manejo de errores requiere atención especial cuando se trabaja con operaciones de conjuntos. Los problemas comunes incluyen recuentos de columnas o tipos de datos no coincidentes entre consultas, que pueden causar errores en tiempo de ejecución. Implementar una validación y manejo de errores adecuados asegura una ejecución robusta de consultas en entornos de producción.

Las operaciones de conjuntos a menudo forman parte de flujos de trabajo analíticos más grandes. Por ejemplo, pueden usarse dentro de CTEs o subconsultas para preparar datos para análisis posteriores. Comprender cómo combinar efectivamente las operaciones de conjuntos con otras características de SQL permite capacidades analíticas más sofisticadas.

Las operaciones EXCEPT, aunque menos comúnmente utilizadas que UNION o INTERSECT, proporcionan capacidades valiosas para identificar registros presentes en un conjunto pero no en otro. Esta operación ayuda a los analistas a identificar registros únicos o validar la completitud de datos entre diferentes fuentes.

Al trabajar con operaciones de conjuntos, la compatibilidad de tipos de datos se vuelve crucial. Las conversiones implícitas de tipos pueden a veces llevar a resultados inesperados o problemas de rendimiento. La conversión explícita y la atención cuidadosa a la coincidencia de tipos de datos ayuda a asegurar resultados precisos y un rendimiento óptimo de la consulta.

Las operaciones de conjuntos frecuentemente apoyan flujos de trabajo de análisis de calidad de datos. Por ejemplo, INTERSECT puede ayudar a identificar registros duplicados entre tablas, mientras que EXCEPT puede resaltar datos faltantes o inconsistentes entre conjuntos de datos relacionados. Estas capacidades hacen que las operaciones de conjuntos sean herramientas valiosas en procesos de limpieza y validación de datos.

Las prácticas de documentación se vuelven particularmente importantes al implementar consultas complejas que involucran operaciones de conjuntos. La documentación clara del propósito y comportamiento esperado de cada operación ayuda a otros analistas a entender y mantener las consultas a lo largo del tiempo.

Las estrategias de prueba para consultas que involucran operaciones de conjuntos deben incluir la validación de resultados con conjuntos de datos conocidos, pruebas de rendimiento con volúmenes de datos representativos y verificación del comportamiento con casos límite. Las pruebas exhaustivas ayudan a asegurar resultados confiables en entornos de producción.

La integración con herramientas de informes y visualización requiere una consideración cuidadosa cuando se utilizan operaciones de conjuntos. Diferentes herramientas pueden manejar los resultados de las operaciones de conjuntos de manera diferente, particularmente en lo que respecta a valores NULL y representaciones de tipos de datos. Las pruebas con plataformas objetivo aseguran una presentación consistente de resultados.

Las prácticas de control de versiones y gestión de cambios ayudan a rastrear modificaciones en consultas que involucran operaciones de conjuntos a lo largo del tiempo. Esto se vuelve particularmente importante cuando las consultas implementan lógica empresarial crítica o soportan procesos regulares de informes.

Las operaciones de conjuntos a menudo apoyan requisitos analíticos complejos como segmentación de clientes, análisis de productos o análisis de cesta de mercado. Comprender los patrones comunes y las mejores prácticas en estos escenarios ayuda a los analistas a implementar soluciones efectivas de manera eficiente.

Las oportunidades de optimización frecuentemente existen dentro de las consultas que utilizan operaciones de conjuntos. Revisar la estructura de la consulta, simplificar combinaciones complejas de operaciones y asegurar una indexación adecuada ayuda a mantener un rendimiento óptimo a medida que crecen los volúmenes de datos.

A través del dominio de las operaciones de conjuntos, los analistas obtienen herramientas poderosas para combinar y comparar datos de múltiples fuentes. Esta capacidad permite flujos de trabajo de análisis más sofisticados y ayuda a derivar mayor valor de los activos de datos organizacionales mientras mantiene el rendimiento de las consultas y la precisión de los resultados.

Capítulo 32: Técnicas Avanzadas de Agregación

Las técnicas avanzadas de agregación constituyen la columna vertebral del análisis sofisticado de datos en SQL, permitiendo a los analistas obtener información compleja de grandes conjuntos de datos mediante cálculos y agrupaciones matizadas. Si bien las funciones básicas de agregación como SUM, COUNT y AVERAGE cumplen propósitos esenciales, el análisis moderno de datos a menudo requiere enfoques más sofisticados para manejar requisitos comerciales complejos.

Una poderosa técnica avanzada de agregación es el uso de agregados filtrados, que permiten a los analistas calcular valores agregados basados en condiciones específicas sin requerir subconsultas o declaraciones complejas de casos. Por ejemplo, al analizar datos de ventas, un analista podría necesitar calcular las ventas totales para diferentes categorías de productos mientras calcula simultáneamente el porcentaje de transacciones de alto valor dentro de cada categoría. Los agregados filtrados permiten este tipo de análisis en una sola consulta eficiente.

Las agregaciones estadísticas van más allá de las operaciones aritméticas básicas para proporcionar información analítica más profunda. Funciones como PERCENTILE_CONT y PERCENTILE_DISC permiten análisis estadísticos sofisticados directamente dentro de consultas SQL. Estas funciones resultan particularmente valiosas al analizar distribuciones de valores, como patrones de gasto de clientes o tiempos de respuesta en análisis de nivel de servicio.

Las agregaciones anidadas representan otra técnica poderosa, permitiendo a los analistas realizar cálculos sobre datos ya agregados. Esta capacidad resulta esencial al calcular métricas como porcentaje del total o totales acumulados dentro de resultados agrupados. Si bien las agregaciones anidadas requieren atención cuidadosa a la estructura y rendimiento de la consulta, permiten cálculos analíticos complejos que de otro modo requerirían múltiples consultas o procesamiento a nivel de aplicación.

Las funciones de agregación personalizadas, soportadas por muchos sistemas de bases de datos modernos, permiten a los analistas definir su propia lógica de agregación cuando las funciones incorporadas no cumplen con requisitos comerciales específicos. Por ejemplo, un analista podría necesitar implementar un cálculo personalizado de promedio ponderado que tenga en cuenta factores específicos del negocio no manejados por las funciones estándar de promedio.

Al trabajar con datos de series temporales, las técnicas avanzadas de agregación se vuelven particularmente valiosas. Las agregaciones móviles, promedios móviles y agrupaciones basadas en tiempo permiten a los analistas identificar tendencias y patrones en datos temporales. Estas técnicas a menudo combinan funciones de ventana con agregaciones tradicionales para proporcionar análisis sofisticados basados en tiempo.

El manejo de errores en agregaciones avanzadas requiere una consideración cuidadosa. El manejo de NULL, escenarios de división por cero y casos extremos pueden impactar significativamente los resultados. Implementar un manejo adecuado de errores asegura análisis robustos que manejan condiciones inesperadas de datos con elegancia mientras mantienen la precisión de los resultados.

La optimización del rendimiento se vuelve crucial al implementar agregaciones avanzadas en grandes conjuntos de datos. Comprender los planes de ejecución de consultas, estrategias apropiadas de indexación y estructura eficiente de consultas ayuda a mantener un rendimiento aceptable a medida que crecen los volúmenes de datos. Esto a menudo implica equilibrar la complejidad de los cálculos con los requisitos de tiempo de ejecución.

Los resultados materializados a menudo mejoran el rendimiento para agregaciones avanzadas frecuentemente accedidas. Al almacenar resultados precalculados e implementar estrategias apropiadas de actualización, los analistas pueden proporcionar acceso rápido a cálculos complejos mientras gestionan efectivamente la sobrecarga computacional.

Las agregaciones avanzadas frecuentemente apoyan cálculos específicos del negocio como análisis de participación de mercado, cálculos de valor de vida del cliente o métricas de rentabilidad de productos. Comprender patrones comunes en estos cálculos ayuda a los analistas a implementar soluciones eficientes que cumplan con los requisitos comerciales mientras mantienen el rendimiento de las consultas.

La documentación se vuelve particularmente importante al implementar agregaciones complejas. La documentación clara de la lógica de cálculo, reglas comerciales y suposiciones ayuda a otros analistas a entender y mantener las consultas a lo largo del tiempo. Esto incluye documentar cualquier manejo específico de casos extremos o condiciones especiales.

Las estrategias de prueba para agregaciones avanzadas deben incluir validación contra resultados conocidos, pruebas de rendimiento con volúmenes de datos representativos y verificación del comportamiento con casos extremos. Las pruebas exhaustivas ayudan a asegurar resultados confiables en entornos de producción mientras identifican posibles problemas antes de que impacten las decisiones comerciales.

La integración con herramientas de informes y visualización requiere una consideración cuidadosa al implementar agregaciones avanzadas. Diferentes herramientas pueden manejar cálculos complejos de manera diferente, particularmente en lo que respecta a valores NULL y representaciones de tipos de datos. Las pruebas con plataformas objetivo aseguran una presentación consistente de resultados.

Las prácticas de control de versiones ayudan a rastrear cambios en la lógica de agregación compleja a lo largo del tiempo. Esto se vuelve particularmente importante cuando los cálculos implementan métricas comerciales críticas o apoyan procesos regulares de informes. El control de versiones adecuado asegura que los cambios puedan ser rastreados y revertidos si es necesario.

Las agregaciones avanzadas a menudo forman parte de flujos de trabajo analíticos más grandes. Comprender cómo combinar efectivamente diferentes técnicas de agregación con otras características de SQL permite capacidades analíticas más sofisticadas. Esto puede incluir combinar agregaciones con funciones de ventana, CTEs u operaciones de conjunto.

Las oportunidades de optimización frecuentemente existen dentro de consultas de agregación complejas. Revisar la estructura de la consulta, simplificar cálculos donde sea posible y asegurar una indexación adecuada ayuda a mantener un rendimiento óptimo a medida que crecen los volúmenes de datos. El monitoreo regular del rendimiento ayuda a identificar oportunidades de optimización.

A través del dominio de técnicas avanzadas de agregación, los analistas obtienen herramientas poderosas para derivar información sofisticada de sus datos. Esta capacidad permite flujos de trabajo de análisis más complejos y ayuda a derivar mayor valor de los activos de datos organizacionales mientras mantiene el rendimiento de las consultas y la precisión de los resultados.

Capítulo 33: Operaciones Pivot y Unpivot

Las operaciones de pivote y despivote representan poderosas técnicas de transformación de datos que permiten a los analistas reestructurar datos dinámicamente, convirtiendo filas en columnas y viceversa. Estas operaciones resultan invaluables al preparar datos para análisis o adaptarlos para cumplir requisitos específicos de informes.

La operación de pivote transforma datos basados en filas a un formato columnar más condensado. Esta transformación beneficia particularmente escenarios donde los analistas necesitan crear vistas de datos cruzados, como comparar ventas entre diferentes categorías de productos por mes o analizar el comportamiento del cliente a través de varios segmentos demográficos.

Considere un conjunto típico de datos de ventas donde cada fila representa una transacción individual con columnas para fecha, producto y monto. Usando operaciones de pivote, los analistas pueden transformar estos datos para mostrar productos como columnas con montos de ventas agregados por mes, creando una vista más compacta y analíticamente útil de los datos. Este formato pivotado frecuentemente se alinea mejor con los requisitos de informes y permite un análisis más fácil de tendencias entre categorías.

La mayoría de las implementaciones modernas de SQL soportan operaciones de pivote a través de sintaxis PIVOT nativa o funcionalidad equivalente usando agregación condicional con declaraciones CASE. Mientras que la sintaxis específica varía entre plataformas de bases de datos, el concepto fundamental permanece consistente. La operación requiere identificar las columnas a pivotar, los valores a agregar y la función de agregación a aplicar.

La operación de despivote realiza la transformación inversa, convirtiendo columnas nuevamente en filas. Esto resulta particularmente útil cuando se trabaja con sistemas heredados o datos de hojas de cálculo donde la información está almacenada en un formato ancho pero necesita ser analizada en una estructura normalizada. El despivote ayuda a crear estructuras de datos más flexibles y amigables para el análisis.

Por ejemplo, al analizar respuestas de encuestas donde cada pregunta aparece como una columna separada, el despivote puede transformar los datos en un formato largo donde cada respuesta se convierte en una fila separada. Esta estructura facilita el filtrado, la agregación y el análisis estadístico de patrones de respuesta.

Las operaciones de pivote dinámico presentan complejidad adicional pero ofrecen mayor flexibilidad. En lugar de codificar nombres de columnas, los pivotes dinámicos generan la estructura de columnas basada en los valores reales de datos. Este enfoque resulta particularmente valioso cuando se manejan categorías cambiantes o períodos de tiempo donde la estructura exacta de columnas no se conoce por adelantado.

La implementación de pivotes dinámicos frecuentemente requiere combinar operaciones de pivote con SQL dinámico o técnicas de agregación de cadenas. Si bien es más complejo de implementar, los pivotes dinámicos proporcionan soluciones más mantenibles que se adaptan automáticamente a cambios en la estructura de datos subyacente.

Las consideraciones de rendimiento se vuelven importantes cuando se trabaja con operaciones de pivote en grandes conjuntos de datos. El proceso de transformación puede ser intensivo en recursos, particularmente con pivotes dinámicos o cuando se trabaja con numerosas categorías. Comprender los planes de ejecución e implementar estrategias de indexación apropiadas ayuda a optimizar el rendimiento.

El manejo de errores requiere atención cuidadosa al implementar operaciones de pivote. Los valores nulos, categorías de datos inesperadas y casos límite de agregación pueden impactar los resultados. Implementar un manejo de errores adecuado asegura transformaciones robustas que manejan las variaciones de datos con elegancia mientras mantienen la precisión.

Combinar operaciones de pivote con otras características de SQL permite capacidades de análisis más sofisticadas. Por ejemplo, usar CTEs para preparar datos antes de pivotar o aplicar funciones de ventana a resultados pivotados permite flujos de trabajo analíticos complejos mientras se mantiene una estructura de consulta clara y mantenible.

Cuando se trabaja con datos de series temporales, las operaciones de pivote frecuentemente facilitan el análisis de tendencias y comparaciones período a período. Convertir datos diarios o transaccionales en vistas mensuales o trimestrales con categorías pivotadas permite una visualización y análisis más fácil de patrones temporales.

La integración con herramientas de informes requiere considerar cómo diferentes plataformas manejan estructuras de datos pivotadas. Algunas herramientas pueden preferir formatos anchos para ciertas visualizaciones mientras que otras funcionan mejor con datos despivotados. Comprender estos requisitos ayuda a informar la estrategia de transformación apropiada.

La documentación se vuelve particularmente importante con operaciones de pivote, especialmente al implementar versiones dinámicas. La documentación clara de la lógica de transformación, suposiciones sobre la estructura de datos y manejo de casos especiales ayuda a otros analistas a entender y mantener las consultas a lo largo del tiempo.

Las estrategias de prueba deben incluir validación de precisión de transformación, pruebas de rendimiento con volúmenes de datos representativos y verificación de comportamiento con casos límite. Las pruebas exhaustivas ayudan a asegurar resultados confiables mientras identifican problemas potenciales antes de que impacten los flujos de trabajo de análisis.

Las prácticas de control de versiones ayudan a rastrear cambios en la lógica de transformación de pivote a lo largo del tiempo. Esto se vuelve particularmente importante cuando las transformaciones soportan procesos regulares de informes o implementan vistas comerciales críticas de datos. El control de versiones adecuado asegura que los cambios puedan ser rastreados y revertidos si es necesario.

A través del dominio de operaciones de pivote y despivote, los analistas obtienen herramientas poderosas para reestructurar datos para cumplir varios requisitos analíticos y de informes. Esta capacidad permite flujos de trabajo de análisis más flexibles y ayuda a derivar mayor valor de los activos de datos organizacionales mientras mantiene la integridad de datos y la precisión de transformación.

El uso efectivo de operaciones de pivote y despivote frecuentemente representa un diferenciador clave entre practicantes básicos y avanzados de SQL. Comprender cuándo y cómo aplicar estas transformaciones, combinado con el conocimiento de sus implicaciones de rendimiento y mejores prácticas para implementación, permite a los analistas manejar requisitos complejos de reestructuración de datos de manera eficiente y confiable.

Capítulo 34: Fundamentos de SQL Dinámico

SQL dinámico representa una función poderosa que permite a los analistas crear y ejecutar sentencias SQL de forma programática, permitiendo operaciones de base de datos más flexibles y adaptables. Mientras que las consultas SQL estándar utilizan nombres de tabla, referencias de columnas y condiciones fijas, el SQL dinámico permite que estos elementos varíen según las condiciones de tiempo de ejecución o las entradas del usuario.

En su esencia, el SQL dinámico implica construir sentencias SQL como cadenas que se ejecutan en tiempo de ejecución. Este enfoque resulta particularmente valioso cuando se manejan escenarios donde los requisitos de consulta no pueden determinarse hasta el momento de la ejecución o cuando se necesitan realizar operaciones similares en múltiples objetos de base de datos.

Considere un escenario donde un analista necesita generar informes resumidos para diferentes departamentos, cada uno almacenado en tablas separadas con estructuras similares. En lugar de escribir consultas individuales para cada departamento, el SQL dinámico permite la creación de una solución única y flexible que se adapta a diferentes nombres de tabla mientras mantiene una lógica de análisis consistente.

La estructura básica del SQL dinámico típicamente involucra construir una cadena de consulta utilizando concatenación de cadenas o sustitución de variables. Esta cadena se pasa a un mecanismo de ejecución específico que varía según la plataforma de base de datos. Los enfoques comunes incluyen el uso de sentencias EXECUTE o EXEC, dependiendo del sistema de base de datos específico que se utilice.

Las consideraciones de seguridad se vuelven primordiales cuando se trabaja con SQL dinámico. Dado que las consultas se construyen programáticamente, la validación cuidadosa de las entradas y el escape adecuado de caracteres especiales resulta esencial para prevenir vulnerabilidades de inyección SQL. Las mejores prácticas incluyen usar consultas parametrizadas cuando sea posible e implementar rutinas estrictas de validación de entrada.

El manejo de errores requiere atención especial en implementaciones de SQL dinámico. Dado que las consultas se construyen y ejecutan en tiempo de ejecución, la verificación de errores tradicional en tiempo de compilación puede no detectar problemas potenciales. Implementar un manejo robusto de errores asegura el manejo elegante de fallos en tiempo de ejecución mientras proporciona retroalimentación significativa a usuarios o procesos de llamada.

Las implicaciones de rendimiento del SQL dinámico merecen una consideración cuidadosa. El SQL dinámico típicamente no puede beneficiarse del almacenamiento en caché del plan de consulta de la misma manera que el SQL estático, potencialmente impactando el rendimiento con consultas ejecutadas frecuentemente. Comprender estas limitaciones ayuda a informar escenarios de uso apropiados y estrategias de optimización.

Una aplicación común del SQL dinámico involucra crear soluciones de filtrado flexibles. En lugar de codificar cláusulas WHERE de forma rígida, el SQL dinámico permite la construcción de condiciones de filtro basadas en entradas del usuario o requisitos de la aplicación. Esto permite soluciones de informes más adaptables mientras mantiene una estructura de código limpia y mantenible.

La depuración del SQL dinámico presenta desafíos únicos en comparación con las consultas estáticas. Dado que la sentencia SQL real solo existe en tiempo de ejecución, los enfoques tradicionales de depuración pueden resultar menos efectivos. Implementar el registro de sentencias SQL generadas y usar declaraciones de impresión ayuda a solucionar problemas durante el desarrollo y mantenimiento.

La documentación se vuelve particularmente crítica con implementaciones de SQL dinámico. La documentación clara de entradas esperadas, lógica de construcción de consultas y manejo de casos especiales ayuda a otros analistas a entender y mantener el código. Incluir escenarios de uso de ejemplo y muestras de consultas generadas mejora aún más el valor de la documentación.

La integración con procedimientos almacenados y funciones permite la encapsulación de lógica SQL dinámica mientras proporciona interfaces consistentes para las aplicaciones que los llaman. Este enfoque combina la flexibilidad del SQL dinámico con los beneficios de estructura y reutilización de los procedimientos almacenados.

Las prácticas de control de versiones requieren consideración especial con SQL dinámico. Dado que las consultas se construyen programáticamente, el seguimiento de cambios y la comprensión de su impacto se vuelve más complejo. Mantener registros detallados de cambios e implementar pruebas exhaustivas ayuda a gestionar esta complejidad.

Cuando se trabaja con soluciones basadas en metadatos, el SQL dinámico permite la creación de operaciones de base de datos flexibles que se adaptan a estructuras de esquema cambiantes. Esto resulta particularmente valioso cuando se trata con sistemas donde las estructuras de tabla o nombres de columnas pueden cambiar con el tiempo.

Las estrategias de optimización de rendimiento para SQL dinámico a menudo se centran en minimizar la sobrecarga de construcción de consultas y maximizar la oportunidad de reutilización del plan cuando sea posible. Comprender el comportamiento del plan de ejecución con SQL dinámico ayuda a informar enfoques de optimización apropiados.

Las estrategias de prueba para implementaciones de SQL dinámico deben incluir validación de consultas generadas, verificación de resultados a través de diferentes escenarios de entrada y pruebas de rendimiento con volúmenes de datos representativos. Las pruebas exhaustivas ayudan a asegurar una operación confiable mientras identifican problemas potenciales temprano en el desarrollo.

La combinación de SQL dinámico con otras características avanzadas de SQL permite soluciones analíticas sofisticadas. Por ejemplo, usar SQL dinámico con operaciones de pivote permite la creación de soluciones flexibles de tabulación cruzada que se adaptan a estructuras de categoría cambiantes.

El registro de errores y monitoreo se convierten en componentes esenciales de implementaciones de SQL dinámico en entornos de producción. Capturar detalles de consultas generadas junto con resultados de ejecución ayuda a solucionar problemas y mantener la confiabilidad del sistema a lo largo del tiempo.

Las consideraciones de mantenimiento para soluciones de SQL dinámico incluyen revisión regular de consultas generadas, validación de características de rendimiento y verificación de controles de seguridad. El mantenimiento regular ayuda a asegurar una operación confiable continua mientras identifica oportunidades de optimización.

A través del dominio del SQL dinámico, los analistas obtienen herramientas poderosas para crear soluciones de base de datos flexibles que se adaptan a requisitos cambiantes mientras mantienen el rendimiento y la seguridad. Esta capacidad permite flujos de trabajo de análisis más sofisticados mientras proporciona implementaciones mantenibles y robustas.

El uso efectivo del SQL dinámico a menudo distingue a los practicantes avanzados de SQL que pueden crear soluciones adaptables para requisitos analíticos complejos. Comprender cuándo aplicar SQL dinámico, combinado con el conocimiento de mejores prácticas para implementación y mantenimiento, permite a los analistas manejar requisitos comerciales en evolución de manera eficiente y confiable.

Capítulo 35: Procedimientos Almacenados para Analistas

Los procedimientos almacenados representan una poderosa herramienta en el arsenal del analista de datos, proporcionando una forma de encapsular y reutilizar lógica SQL compleja mientras mejora la mantenibilidad y el rendimiento. Para los analistas que transicionan de consultas ad hoc a interacciones más estructuradas con bases de datos, los procedimientos almacenados ofrecen ventajas significativas en términos de organización del código y eficiencia de ejecución.

Un procedimiento almacenado es esencialmente un código SQL preparado que puede guardarse y reutilizarse. Piense en él como una función en lenguajes de programación tradicionales, pero diseñado específicamente para operaciones de bases de datos. Los analistas pueden escribir un procedimiento una vez y ejecutarlo múltiples veces, pasando diferentes parámetros para lograr resultados variados. Esta reutilización reduce significativamente la duplicación de código y mantiene la consistencia en los procesos analíticos.

Uno de los beneficios principales de los procedimientos almacenados para los analistas radica en su capacidad para manejar lógica empresarial compleja. En lugar de escribir consultas extensas cada vez o mantener múltiples versiones de análisis similares, los analistas pueden encapsular la lógica dentro de un procedimiento y simplemente llamarlo con los parámetros apropiados. Este enfoque resulta particularmente valioso cuando se trata de requisitos de informes estandarizados o tareas analíticas recurrentes.

La seguridad representa otra razón convincente para que los analistas adopten procedimientos almacenados. Muchas organizaciones implementan modelos de seguridad donde los analistas podrían no tener acceso directo a las tablas pero pueden ejecutar procedimientos almacenados específicos. Este control granular permite a los administradores de bases de datos gestionar el acceso a los datos mientras aseguran que los analistas puedan realizar sus análisis requeridos de manera efectiva.

Los beneficios de rendimiento emergen de la forma en que los motores de base de datos manejan los procedimientos almacenados. Cuando se ejecutan por primera vez, el motor de base de datos crea un plan de ejecución que puede reutilizarse en llamadas posteriores, potencialmente mejorando el rendimiento de las consultas. Este aspecto se vuelve particularmente relevante cuando se trata de análisis complejos que se ejecutan frecuentemente.

El manejo de errores dentro de los procedimientos almacenados proporciona a los analistas mecanismos robustos para gestionar condiciones excepcionales. A través de una implementación adecuada del manejo de errores, los analistas pueden asegurar que sus procesos analíticos manejen elegantemente situaciones inesperadas mientras proporcionan retroalimentación significativa a los usuarios o aplicaciones que los llaman. Esta capacidad resulta esencial cuando se construyen soluciones analíticas confiables de nivel producción.

El manejo de parámetros representa un aspecto crucial del desarrollo de procedimientos almacenados para analistas. Los procedimientos bien diseñados deben validar parámetros de entrada, manejar valores nulos apropiadamente y proporcionar valores predeterminados significativos cuando corresponda. Esta atención al manejo de parámetros asegura que los procedimientos permanezcan robustos en varios escenarios de uso mientras previenen potenciales problemas de calidad de datos.

La documentación juega un papel vital en el desarrollo de procedimientos almacenados. Más allá de los comentarios estándar en el código, muchas plataformas de bases de datos proporcionan mecanismos específicos para documentar parámetros de procedimientos, resultados esperados y ejemplos de uso. La documentación exhaustiva ayuda a otros analistas a comprender la funcionalidad del procedimiento mientras facilita el mantenimiento a largo plazo.

Las consideraciones de control de versiones se vuelven particularmente importantes cuando se trabaja con procedimientos almacenados. A medida que evolucionan los requisitos analíticos, los procedimientos a menudo requieren actualizaciones o modificaciones. Mantener prácticas adecuadas de control de versiones, incluyendo registros detallados de cambios y procedimientos de respaldo apropiados, ayuda a gestionar esta evolución mientras se asegura la confiabilidad.

Las estrategias de prueba para procedimientos almacenados deben abarcar varios escenarios, incluyendo condiciones límite, entradas inesperadas y características de rendimiento con diferentes volúmenes de datos. Las pruebas exhaustivas ayudan a asegurar que los procedimientos funcionen de manera confiable en diferentes situaciones mientras mantienen niveles de rendimiento aceptables.

La integración con otros objetos de base de datos, como vistas o funciones definidas por el usuario, permite la creación de soluciones analíticas sofisticadas. Los procedimientos almacenados pueden aprovechar estos objetos mientras proporcionan interfaces consistentes para aplicaciones o procesos que los llaman. Esta modularidad apoya la creación de sistemas analíticos bien estructurados y mantenibles.

La optimización del rendimiento para procedimientos almacenados a menudo se centra en la estabilidad del plan de consulta y consideraciones de parameter sniffing. Comprender cómo el motor de base de datos maneja la ejecución de procedimientos ayuda a informar estrategias de optimización apropiadas mientras asegura un rendimiento consistente en diferentes escenarios de ejecución.

Los aspectos de mantenimiento de los procedimientos almacenados requieren atención regular. Esto incluye revisar planes de ejecución, monitorear métricas de rendimiento y validar el alineamiento continuo con los requisitos del negocio. El mantenimiento regular ayuda a identificar problemas potenciales tempranamente mientras asegura que los procedimientos continúen satisfaciendo efectivamente las necesidades analíticas.

Al construir soluciones de informes automatizados, los procedimientos almacenados a menudo sirven como componentes cruciales. Pueden manejar pasos de extracción, transformación y agregación de datos mientras proporcionan interfaces consistentes para herramientas de informes o sistemas de programación. Esta capacidad resulta particularmente valiosa cuando se implementan procesos regulares de informes.

El registro de errores y monitoreo se convierten en elementos esenciales de los procedimientos almacenados en producción. Implementar mecanismos apropiados de registro ayuda a rastrear patrones de ejecución, identificar problemas potenciales y mantener la confiabilidad del sistema a lo largo del tiempo. Esta información resulta invaluable cuando se solucionan problemas o se optimiza el rendimiento del procedimiento.

El uso efectivo de procedimientos almacenados a menudo distingue las implementaciones analíticas maduras de las soluciones ad hoc. Al encapsular lógica compleja, asegurar una ejecución consistente y proporcionar un manejo robusto de errores, los procedimientos almacenados permiten a los analistas crear procesos analíticos confiables y mantenibles que resisten la prueba del tiempo.

A través del dominio de los procedimientos almacenados, los analistas obtienen herramientas poderosas para crear soluciones de base de datos estructuradas y confiables que soportan requisitos analíticos sofisticados. Esta capacidad, combinada con la comprensión de las mejores prácticas para desarrollo y mantenimiento, permite a los analistas manejar requisitos comerciales complejos de manera eficiente mientras mantienen la calidad del código y el rendimiento.

Capítulo 36: Funciones Definidas por el Usuario

Las funciones definidas por el usuario (UDF) representan una poderosa extensión de las capacidades integradas de SQL, permitiendo a los analistas crear funciones personalizadas que encapsulan cálculos específicos o lógica para su reutilización en múltiples consultas. Mientras los procedimientos almacenados manejan operaciones complejas y modificaciones de datos, las UDF sobresalen en cálculos y transformaciones que necesitan aplicarse consistentemente en flujos de trabajo analíticos.

En su esencia, las UDF operan de manera similar a las funciones en lenguajes de programación tradicionales. Aceptan parámetros de entrada, los procesan según la lógica definida y devuelven resultados en un formato específico. Esta funcionalidad resulta particularmente valiosa cuando se trata de cálculos específicos del negocio o transformaciones complejas que necesitan aplicarse consistentemente en varios análisis.

La distinción clave entre UDF y procedimientos almacenados radica en su contexto de uso. Mientras los procedimientos almacenados pueden realizar múltiples operaciones y modificar datos, las UDF se centran principalmente en devolver valores basados en parámetros de entrada. Este propósito específico las hace ideales para implementar reglas de negocio, cálculos personalizados o transformaciones especializadas de datos que necesitan aplicarse consistentemente en diferentes consultas.

Las funciones escalares representan uno de los tipos más comúnmente utilizados de UDF en trabajo analítico. Estas funciones aceptan parámetros y devuelven un único valor, haciéndolas perfectas para implementar cálculos específicos del negocio o transformaciones de datos. Las aplicaciones comunes incluyen formato personalizado de fechas, cálculos matemáticos complejos o manipulaciones especializadas de cadenas que van más allá de las funciones SQL incorporadas.

Las funciones con valor de tabla proporcionan otra herramienta poderosa en el arsenal del analista. Estas funciones devuelven conjuntos completos de resultados en lugar de valores únicos, permitiendo transformaciones complejas de datos u operaciones de filtrado que pueden incorporarse perfectamente en consultas más grandes. Esta capacidad resulta particularmente valiosa cuando se trata de requisitos recurrentes de preparación o transformación de datos.

Las consideraciones de rendimiento juegan un papel crucial en el desarrollo de UDF. Dado que las funciones pueden ser llamadas múltiples veces dentro de una sola consulta, su eficiencia puede impactar significativamente el rendimiento general de la consulta. Comprender los contextos de ejecución y las técnicas de optimización ayuda a asegurar que las UDF mejoren en lugar de obstaculizar los procesos analíticos.

El manejo de parámetros dentro de las UDF requiere atención cuidadosa para asegurar una operación robusta en diferentes escenarios. Esto incluye la validación adecuada de parámetros de entrada, manejo de valores nulos y provisión de valores predeterminados apropiados cuando corresponda. El manejo exhaustivo de parámetros ayuda a prevenir resultados inesperados mientras asegura un comportamiento consistente de la función.

Las estrategias de manejo de errores dentro de las UDF difieren algo de los procedimientos almacenados debido a su naturaleza más enfocada. Si bien no pueden usar mecanismos tradicionales de manejo de errores como bloques TRY CATCH, pueden implementar validación de entrada y devolver valores nulos o de error apropiados cuando encuentran condiciones excepcionales.

Las prácticas de documentación para UDF deben incluir descripciones claras de los parámetros de entrada, valores de retorno y ejemplos de uso. Esta documentación ayuda a otros analistas a entender el propósito y comportamiento de la función mientras facilita el mantenimiento a largo plazo. Muchas plataformas de bases de datos proporcionan mecanismos específicos para incorporar esta documentación directamente en las definiciones de funciones.

Las estrategias de prueba para UDF deben centrarse tanto en aspectos de funcionalidad como de rendimiento. Esto incluye validar la operación correcta en diferentes escenarios de entrada, condiciones límite y volúmenes de datos. Las pruebas de rendimiento se vuelven particularmente importantes cuando las funciones se utilizarán en consultas que procesan grandes conjuntos de datos.

Las consideraciones de mantenimiento para UDF incluyen revisión regular de la lógica de función, características de rendimiento y alineación continua con los requisitos del negocio. A medida que las reglas de negocio o los requisitos de cálculo evolucionan, las funciones pueden necesitar actualizaciones o modificaciones para mantener la precisión y relevancia.

Al implementar lógica de negocio compleja, las UDF a menudo trabajan en conjunto con otros objetos de base de datos como vistas o procedimientos almacenados. Este enfoque modular permite la creación de soluciones analíticas sofisticadas mientras mantiene la organización del código y la reutilización. Comprender estos patrones de integración ayuda a los analistas a diseñar soluciones efectivas.

Las prácticas de control de versiones para UDF deben incluir documentación apropiada de cambios, pruebas de modificaciones y mantenimiento de scripts de implementación. Este enfoque sistemático ayuda a gestionar la evolución de las funciones mientras asegura la fiabilidad en diferentes entornos o implementaciones.

El uso efectivo de UDF a menudo distingue las implementaciones analíticas sofisticadas de las soluciones básicas. Al encapsular cálculos complejos o transformaciones en funciones reutilizables, los analistas pueden asegurar la consistencia entre diferentes consultas mientras mejoran la mantenibilidad y legibilidad del código.

A través del dominio del desarrollo de UDF y las mejores prácticas, los analistas obtienen herramientas poderosas para extender las capacidades de SQL mientras mantienen la calidad del código y el rendimiento. Esta experiencia permite la creación de soluciones analíticas robustas y mantenibles que abordan efectivamente requisitos comerciales complejos mientras promueven la reutilización y consistencia del código.

Capítulo 37: Vistas y Vistas Materializadas

Las vistas y vistas materializadas sirven como herramientas poderosas en el conjunto de herramientas del analista SQL, proporcionando capas de abstracción que simplifican consultas complejas mientras potencialmente mejoran el rendimiento. Estos objetos de base de datos permiten a los analistas crear tablas virtuales basadas en sentencias SELECT, almacenando efectivamente la lógica de consulta comúnmente utilizada para su fácil reutilización en diferentes flujos de trabajo analíticos.

Las vistas regulares, a menudo llamadas tablas virtuales, no almacenan datos por sí mismas, sino más bien la definición de consulta utilizada para acceder a los datos de las tablas base subyacentes. Al consultar una vista, el motor de base de datos ejecuta la sentencia SELECT almacenada para recuperar datos actuales de las tablas fuente. Este comportamiento asegura que las vistas siempre devuelvan información actualizada mientras proporcionan una interfaz simplificada para consultas complejas.

La creación de vistas ofrece varias ventajas para el trabajo analítico. Permiten la abstracción de lógica de consulta compleja, permitiendo a los analistas trabajar con estructuras de tabla simplificadas que combinan datos de múltiples fuentes. Las vistas también pueden implementar medidas de seguridad restringiendo el acceso a columnas o filas específicas de las tablas base, haciéndolas herramientas valiosas para la gobernanza de datos y el control de acceso.

Las vistas materializadas extienden este concepto almacenando físicamente los resultados de las consultas, creando estructuras de tabla reales que persisten en la base de datos. A diferencia de las vistas regulares, las vistas materializadas contienen datos copiados de las tablas fuente, requiriendo operaciones periódicas de actualización para mantener la vigencia de los datos. Este equilibrio entre la frescura de los datos y el rendimiento de las consultas hace que las vistas materializadas sean particularmente valiosas para cargas de trabajo analíticas que involucran cálculos complejos o grandes volúmenes de datos.

La decisión entre vistas regulares y materializadas a menudo depende de requisitos específicos del caso de uso. Las vistas regulares resultan ideales para escenarios que requieren acceso a datos en tiempo real o cuando el espacio de almacenamiento es limitado. Las vistas materializadas sobresalen en situaciones que involucran cálculos complejos, ejecución frecuente de consultas o donde una ligera latencia de datos es aceptable a cambio de un mejor rendimiento en las consultas.

El mantenimiento de vistas se vuelve crucial cuando se trabaja con cualquier tipo. Para las vistas regulares, esto implica principalmente asegurar que la lógica de consulta subyacente permanezca válida a medida que el esquema de la base de datos o los requisitos comerciales evolucionan. El mantenimiento de vistas materializadas requiere adicionalmente gestionar programas de actualización y monitorear el uso de almacenamiento, ya que estas vistas ocupan espacio físico en la base de datos.

Las consideraciones de rendimiento juegan un papel significativo en la implementación de vistas. Las vistas regulares pueden impactar el rendimiento de las consultas si su lógica subyacente involucra uniones o cálculos complejos, ya que esta lógica se ejecuta cada vez que se consulta la vista. Las vistas materializadas pueden mejorar significativamente el rendimiento para consultas complejas pero requieren un equilibrio cuidadoso entre la frecuencia de actualización y los recursos del sistema.

Las implementaciones de seguridad a través de vistas ofrecen capacidades poderosas de control de acceso. Las vistas pueden restringir el acceso a columnas sensibles, implementar seguridad a nivel de fila mediante cláusulas WHERE, o combinar ambos enfoques. Este control granular hace que las vistas sean herramientas valiosas para implementar políticas de acceso a datos mientras mantienen interfaces de usuario simplificadas.

Las dependencias de vistas requieren un seguimiento y gestión cuidadosos. Los cambios en las estructuras de tabla subyacentes o relaciones pueden impactar la funcionalidad de las vistas, potencialmente rompiendo consultas o aplicaciones dependientes. Mantener documentación de las relaciones y dependencias de vistas ayuda a gestionar estas interconexiones mientras facilita el análisis de impacto cuando los cambios son necesarios.

Las estrategias de indexación difieren entre vistas regulares y materializadas. Las vistas regulares típicamente dependen de índices de las tablas subyacentes, mientras que las vistas materializadas pueden tener sus propios índices para optimizar patrones específicos de consulta. Comprender estas distinciones ayuda a los analistas a optimizar el rendimiento de las vistas para diferentes escenarios de uso.

Las técnicas de optimización de consultas específicas para vistas incluyen la consideración cuidadosa de la ubicación de cláusulas WHERE, el orden de uniones en vistas complejas y el uso apropiado de índices. Para vistas materializadas, la optimización se extiende a estrategias de actualización, alineación de particiones con tablas base y configuración de parámetros de almacenamiento.

Los patrones de integración con otros objetos de base de datos requieren consideración al implementar vistas. Las vistas a menudo trabajan en conjunto con procedimientos almacenados, funciones definidas por el usuario u otras vistas para crear soluciones analíticas integrales. Comprender estos patrones de integración ayuda a los analistas a diseñar soluciones efectivas y mantenibles.

Las prácticas de monitoreo y mantenimiento aseguran un rendimiento óptimo de las vistas a lo largo del tiempo. Esto incluye el seguimiento de patrones de consulta contra vistas, monitoreo de operaciones de actualización de vistas materializadas y revisión regular de definiciones de vistas para oportunidades potenciales de optimización. Establecer estas prácticas ayuda a mantener el rendimiento del sistema a medida que evolucionan los volúmenes de datos y los patrones de uso.

Las mejores prácticas para la implementación de vistas incluyen convenciones claras de nomenclatura, documentación integral y revisión regular del uso y características de rendimiento de las vistas. Estas prácticas facilitan el mantenimiento a largo plazo mientras aseguran que las vistas continúen cumpliendo efectivamente con los requisitos comerciales.

A través del dominio de conceptos y estrategias de implementación de vistas, los analistas obtienen herramientas poderosas para simplificar consultas complejas mientras potencialmente mejoran el rendimiento del sistema. Esta experiencia permite la creación de soluciones analíticas eficientes y mantenibles que abordan efectivamente los requisitos comerciales mientras promueven la reutilización de código y la gobernanza de datos.

Capítulo 38: Optimización de Índices

La optimización de índices se presenta como una habilidad crítica para los analistas de datos que buscan mejorar el rendimiento de las consultas y gestionar eficientemente grandes conjuntos de datos. Mientras muchos analistas se centran principalmente en escribir consultas correctas, comprender e implementar estrategias adecuadas de indexación puede impactar dramáticamente en la velocidad y eficiencia de las operaciones de recuperación de datos.

Los índices de bases de datos funcionan de manera similar al índice de un libro, proporcionando mecanismos de búsqueda rápida para localizar datos específicos sin escanear tablas completas. Cuando se implementan correctamente, los índices pueden reducir la E/S del disco, mejorar los tiempos de respuesta de las consultas y optimizar el rendimiento general de la base de datos. Sin embargo, los índices también consumen espacio de almacenamiento y requieren mantenimiento durante las modificaciones de datos, haciendo crucial encontrar el equilibrio adecuado en su implementación.

El tipo más común de índice es el índice B-tree, que sobresale en el manejo de condiciones de igualdad y rango. Los índices B-tree organizan los datos en una estructura jerárquica que permite la localización rápida de datos mediante algoritmos de búsqueda binaria. Estos índices benefician particularmente a las cláusulas WHERE, condiciones JOIN y operaciones ORDER BY, haciéndolos invaluables para consultas analíticas típicas.

Los índices agrupados merecen especial atención ya que determinan el orden físico de almacenamiento de los datos de la tabla. Cada tabla puede tener solo un índice agrupado, haciendo que su selección sea crucial para la optimización del rendimiento. Típicamente, los índices agrupados funcionan mejor en columnas que se utilizan frecuentemente para consultas de rango o requieren salida ordenada, como campos de fecha en análisis de series temporales.

Los índices no agrupados proporcionan rutas de acceso adicionales a los datos sin afectar el orden físico de almacenamiento. A diferencia de los índices agrupados, las tablas pueden tener múltiples índices no agrupados, aunque cada índice adicional aumenta los requisitos de almacenamiento y la sobrecarga de mantenimiento. Los analistas deben considerar cuidadosamente los patrones de consulta al decidir qué columnas justifican índices no agrupados.

Los índices compuestos, que incluyen múltiples columnas, requieren una planificación estratégica respecto al orden de las columnas. La disposición más efectiva típicamente coloca primero las columnas altamente selectivas, seguidas por columnas frecuentemente utilizadas en cláusulas WHERE o condiciones JOIN. Comprender los patrones de consulta se vuelve esencial para optimizar el diseño de índices compuestos.

La selectividad del índice juega un papel crucial en la efectividad del índice. Los índices altamente selectivos, donde cada valor clave corresponde a pocas filas, generalmente proporcionan mejor rendimiento que los índices de baja selectividad. Los analistas deben enfocar los esfuerzos de indexación en columnas con alta selectividad que aparecen frecuentemente en condiciones de consulta.

Los índices de cobertura representan una técnica de optimización avanzada donde todas las columnas requeridas por una consulta existen dentro del propio índice, eliminando la necesidad de acceder a los datos reales de la tabla. Si bien los índices de cobertura consumen más espacio de almacenamiento, pueden mejorar dramáticamente el rendimiento para consultas frecuentemente ejecutadas al reducir las operaciones de E/S del disco.

El mantenimiento de índices requiere atención continua para mantener un rendimiento óptimo. Esto incluye la reconstrucción regular de índices o reorganización basada en niveles de fragmentación, monitoreo de patrones de uso de índices y eliminación o modificación de índices no utilizados o con bajo rendimiento. Las tareas de mantenimiento automatizadas pueden ayudar a gestionar esta sobrecarga mientras aseguran un rendimiento consistente.

Comprender las estadísticas de índices se vuelve crucial para la optimización de consultas. Los motores de base de datos utilizan estas estadísticas para determinar planes óptimos de ejecución de consultas. Las actualizaciones regulares de estadísticas de índices, ya sean automatizadas o manuales, ayudan a asegurar que el optimizador de consultas tome decisiones informadas sobre el uso de índices.

Al implementar índices para cargas de trabajo analíticas, se debe dar especial consideración a los entornos de almacén de datos. Estos entornos a menudo se benefician de diferentes estrategias de indexación que los sistemas OLTP tradicionales, potencialmente incluyendo índices bitmap para columnas de baja cardinalidad o índices especializados para configuraciones de esquema estrella.

Las consideraciones de almacenamiento juegan un papel importante en la estrategia de índices. Si bien los índices mejoran el rendimiento de las consultas, requieren espacio de almacenamiento adicional e impactan en las operaciones de escritura. Los analistas deben equilibrar estos compromisos contra los requisitos de rendimiento, particularmente en entornos con restricciones de almacenamiento o cargas de trabajo pesadas de escritura.

El impacto de los índices en las operaciones de modificación de datos requiere una consideración cuidadosa. Las operaciones INSERT, UPDATE y DELETE deben mantener las estructuras de índices, potencialmente afectando el rendimiento. Comprender estos impactos ayuda a los analistas a diseñar estrategias de indexación apropiadas para diferentes patrones de carga de trabajo.

Los índices filtrados proporcionan una manera de indexar subconjuntos específicos de datos, potencialmente reduciendo el tamaño del índice y la sobrecarga de mantenimiento mientras siguen proporcionando beneficios de rendimiento para consultas específicas.

Esta técnica resulta particularmente valiosa para tablas que contienen poblaciones de datos distintas con diferentes patrones de consulta.

El monitoreo del uso de índices ayuda a identificar oportunidades de optimización y problemas potenciales. La mayoría de las plataformas de bases de datos proporcionan herramientas para rastrear estadísticas de uso de índices, incluyendo métricas sobre búsquedas, escaneos y actualizaciones de índices. La revisión regular de estas métricas ayuda a asegurar que las estrategias de indexación permanezcan alineadas con los patrones de consulta reales.

Mediante una atención cuidadosa al diseño, implementación y mantenimiento de índices, los analistas pueden mejorar significativamente el rendimiento de las consultas mientras gestionan eficazmente el consumo de recursos. Este proceso de optimización requiere atención continua pero proporciona beneficios sustanciales para cargas de trabajo analíticas que manejan grandes conjuntos de datos o requisitos de consulta complejos.

Capítulo 39: Ajuste de Rendimiento de Consultas

La optimización del rendimiento de consultas representa una de las habilidades más críticas para los analistas de datos que trabajan con bases de datos de tamaño significativo. Si bien escribir SQL funcionalmente correcto es importante, garantizar que esas consultas se ejecuten de manera eficiente puede significar la diferencia entre resultados que se obtienen en segundos versus horas. Este capítulo explora estrategias integrales para optimizar el rendimiento de las consultas, basándose en nuestra discusión previa sobre la optimización de índices.

La comprensión de la ejecución de consultas comienza con el concepto de procesamiento lógico y físico de consultas. Cuando envías una consulta, el motor de base de datos primero determina la secuencia lógica de operaciones necesarias para producir los resultados deseados, luego convierte esto en un plan de ejecución físico que especifica cómo recuperar y procesar los datos realmente. Esta comprensión forma la base para una optimización efectiva de consultas.

El primer paso en la optimización de consultas implica analizar la línea base de rendimiento actual. Esto requiere recopilar métricas como tiempo de ejecución, uso de CPU, consumo de memoria y operaciones de E/S. Muchas plataformas de bases de datos proporcionan herramientas integradas para recopilar estas estadísticas, y establecer puntos de referencia claros ayuda a medir el impacto de los esfuerzos de optimización.

Uno de los problemas de rendimiento más comunes surge de recuperar más datos de los necesarios. El patrón SELECT *, aunque conveniente durante el desarrollo, a menudo extrae columnas excesivas que no son necesarias para el análisis final. En cambio, listar explícitamente las columnas requeridas no solo mejora la legibilidad sino que puede reducir significativamente la sobrecarga de E/S y el uso de memoria, particularmente cuando se trabaja con tablas anchas o grandes conjuntos de resultados.

La optimización de joins juega un papel crucial en el rendimiento de las consultas. El orden de los joins importa significativamente, al igual que el tipo de algoritmo de join utilizado. Los joins hash típicamente funcionan mejor para grandes conjuntos de datos, mientras que los joins de bucle anidado pueden ser más eficientes para resultados más pequeños. Comprender estos patrones ayuda a los analistas a influir en las decisiones del optimizador de consultas mediante la correcta ordenación de tablas y la especificación de condiciones de join.

La correcta optimización de la cláusula WHERE puede impactar dramáticamente el rendimiento de las consultas. Colocar condiciones que eliminan la mayor cantidad de filas al principio de la consulta ayuda a reducir el tamaño del conjunto de trabajo para operaciones posteriores. Además, asegurar que las cláusulas WHERE puedan utilizar índices existentes y evitar funciones en columnas indexadas que impidan el uso de índices representan técnicas cruciales de optimización.

Las operaciones de agregación a menudo crean cuellos de botella en el rendimiento, especialmente cuando se trabaja con grandes conjuntos de datos. Dividir agregaciones complejas en pasos usando expresiones de tabla comunes o tablas temporales puede mejorar el rendimiento al permitir que el motor de base de datos optimice mejor cada paso. Este enfoque también suele mejorar la legibilidad y mantenibilidad del código.

Las consideraciones de gestión de memoria se vuelven particularmente importantes cuando se trata de grandes conjuntos de resultados u operaciones complejas. Entender cómo usar tablas temporales de manera efectiva, cuándo materializar resultados intermedios y cómo gestionar operaciones intensivas en memoria como ordenamientos y joins hash ayuda a prevenir problemas de rendimiento relacionados con la presión de memoria.

La parametrización de consultas representa otra técnica importante de optimización. En lugar de escribir consultas separadas con valores codificados, usar consultas parametrizadas permite que el motor de base de datos almacene en caché y reutilice planes de ejecución. Este enfoque puede reducir significativamente la sobrecarga de compilación para consultas frecuentemente ejecutadas con valores de entrada variables.

El manejo adecuado de valores NULL puede impactar tanto el rendimiento como la precisión. Comprender cómo el manejo de NULL afecta la ejecución de consultas, particularmente en condiciones de join y cláusulas WHERE, ayuda a evitar errores comunes que pueden llevar a un rendimiento deficiente o resultados incorrectos. Esto incluye el uso adecuado de comparaciones IS NULL y entender cómo los valores NULL afectan el uso de índices.

Las estrategias de procesamiento por lotes a menudo mejoran el rendimiento cuando se trabaja con grandes conjuntos de datos. En lugar de procesar todos los registros a la vez, dividir las operaciones en lotes más pequeños puede reducir la presión de memoria y mejorar el rendimiento general. Este enfoque resulta particularmente valioso para operaciones de modificación de datos o procesos analíticos complejos.

Las operaciones con cadenas de texto frecuentemente crean desafíos de rendimiento, especialmente cuando se trabaja con campos de texto grandes o requisitos complejos de coincidencia de patrones. Comprender cómo optimizar comparaciones de cadenas, cuándo usar índices de texto completo versus coincidencia de patrones, y cómo minimizar operaciones de manipulación de cadenas ayuda a mejorar el rendimiento para cargas de trabajo intensivas en texto.

Los objetos temporales, incluyendo tablas temporales y variables de tabla, requieren una consideración cuidadosa desde una perspectiva de rendimiento. Si bien estos objetos pueden mejorar el rendimiento al dividir operaciones complejas en pasos, su uso inadecuado puede realmente degradar el rendimiento a través de operaciones adicionales de E/S y actividad del registro de transacciones.

Las sugerencias de consulta deben usarse con moderación pero pueden resultar valiosas cuando el optimizador de consultas toma decisiones subóptimas. Comprender las opciones de sugerencias disponibles y sus implicaciones ayuda a los analistas a tomar decisiones informadas sobre cuándo anular el comportamiento predeterminado del optimizador. Sin embargo, es importante revisar y validar regularmente la necesidad continua de cualquier sugerencia implementada.

El monitoreo y mantenimiento regular del rendimiento de las consultas sigue siendo crucial para mantener operaciones óptimas de base de datos. Esto incluye revisar planes de ejecución para consultas frecuentemente ejecutadas, monitorear patrones de uso de recursos y ajustar estrategias de optimización basadas en cambios en volúmenes de datos y patrones de consulta. Establecer procesos regulares de revisión de rendimiento ayuda a asegurar una eficiencia sostenida de las consultas a lo largo del tiempo.

A través de una atención cuidadosa a estos diversos aspectos de la optimización del rendimiento de consultas, los analistas pueden mejorar significativamente la eficiencia de sus operaciones de base de datos. Este proceso de optimización requiere atención y ajuste continuos pero proporciona beneficios sustanciales en términos de consumo reducido de recursos y tiempos de respuesta mejorados para cargas de trabajo analíticas.

Capítulo 40: Planes de Ejecución y Análisis

Comprender los planes de ejecución representa una habilidad crítica para los analistas de datos que buscan optimizar sus consultas y mejorar el rendimiento de la base de datos. Si bien la optimización de consultas proporciona las estrategias para la optimización, los planes de ejecución ofrecen información detallada sobre cómo el motor de la base de datos procesa realmente nuestras consultas. Esta comprensión resulta esencial para identificar cuellos de botella y validar los esfuerzos de optimización.

Un plan de ejecución proporciona una hoja de ruta detallada de cómo SQL Server u otro motor de base de datos procesa una consulta. Cuando enviamos una consulta, el optimizador del motor de base de datos evalúa múltiples estrategias de ejecución posibles y selecciona lo que considera el enfoque más eficiente según las estadísticas disponibles, índices y otros factores. Este plan nos muestra exactamente cómo el motor pretende recuperar y procesar nuestros datos.

La lectura de planes de ejecución comienza con la comprensión de sus componentes básicos. Los operadores más comunes incluyen escaneos de tabla, búsquedas de índices, uniones, ordenamientos y agregaciones. Cada operador en el plan muestra su costo relativo como porcentaje del costo total de la consulta, ayudando a identificar qué operaciones consumen más recursos. La dirección de las flechas entre operadores indica el flujo de datos, mientras que el grosor de estas flechas representa la cantidad relativa de datos que se transmiten entre operaciones.

Los planes de ejecución reales proporcionan información particularmente valiosa al mostrar no solo la estrategia de ejecución prevista sino también las estadísticas de tiempo de ejecución reales. Estas incluyen el número de filas procesadas, recuentos de filas reales versus estimados y concesiones de memoria. Comparar los valores reales con los estimados ayuda a identificar áreas donde las suposiciones del optimizador difieren significativamente de la realidad, lo que a menudo indica estadísticas desactualizadas u otros problemas que requieren atención.

Los patrones de uso de índices se vuelven claramente visibles en los planes de ejecución. Cuando vemos escaneos de tabla donde las búsquedas de índices serían más apropiadas, o cuando los índices se ignoran en favor de operaciones menos eficientes, el plan de ejecución inmediatamente resalta estas oportunidades de optimización. Esta visibilidad ayuda a validar estrategias de índices e identificar índices faltantes o subutilizados.

Las operaciones de unión en los planes de ejecución merecen especial atención ya que a menudo representan cuellos de botella significativos en el rendimiento. El plan muestra qué algoritmos de unión eligió el optimizador (bucles anidados, combinación o uniones hash) y por qué. Comprender estas elecciones nos ayuda a estructurar consultas para fomentar estrategias de unión más eficientes cuando sea necesario. Por ejemplo, ver una unión hash costosa podría sugerir agregar índices para permitir un enfoque de bucles anidados más eficiente.

La información sobre concesiones de memoria en los planes de ejecución ayuda a identificar consultas que podrían sufrir de presión de memoria. Cuando vemos concesiones de memoria excesivas o desbordamientos a disco, esto a menudo indica oportunidades para reestructurar consultas o usar sugerencias para controlar mejor el uso de memoria. Dividir operaciones complejas en pasos o implementar estrategias de procesamiento por lotes a menudo ayuda a abordar estos problemas relacionados con la memoria.

Los predicados residuales mostrados en los planes de ejecución indican operaciones de filtrado que no pudieron utilizar los índices de manera efectiva. Estas situaciones a menudo surgen de funciones aplicadas a columnas en cláusulas WHERE o expresiones complejas que impiden el uso de índices. Identificar estos patrones nos ayuda a refactorizar consultas para aprovechar mejor los índices disponibles y mejorar el rendimiento general.

Los operadores de advertencia en los planes de ejecución merecen atención inmediata ya que resaltan posibles problemas de rendimiento. Las advertencias comunes incluyen estadísticas de índices no coincidentes, conversiones implícitas y predicados de unión faltantes. Estas advertencias a menudo señalan oportunidades de optimización directas que pueden mejorar significativamente el rendimiento de las consultas.

La información de ejecución paralela en los planes ayuda a comprender cómo el motor de base de datos distribuye el procesamiento de consultas entre múltiples procesadores. Cuando vemos operaciones seriales inesperadas en planes que de otro modo serían paralelos, esto podría indicar oportunidades de optimización mediante la reestructuración de consultas o ajustes de índices para mejorar el soporte de paralelismo.

Los umbrales de costo mostrados en los planes de ejecución ayudan a priorizar los esfuerzos de optimización identificando las operaciones más costosas. En lugar de intentar optimizar simultáneamente todos los aspectos de una consulta compleja, centrarse en los operadores que muestran el costo relativo más alto a menudo proporciona el mejor retorno del esfuerzo de optimización.

El análisis del plan de ejecución se extiende más allá de la optimización de consultas individuales hasta la gestión más amplia de la carga de trabajo. Al analizar planes a través de múltiples consultas, a menudo emergen patrones que sugieren oportunidades de optimización sistemática mediante ajustes de índices, actualizaciones de estadísticas o estandarización de plantillas de consultas.

El caché del plan de ejecución proporciona información valiosa sobre patrones de carga de trabajo y oportunidades de optimización. Analizar planes ejecutados frecuentemente ayuda a identificar consultas que podrían beneficiarse de la parametrización o ajustes de guías de planes. Este análisis también ayuda a identificar patrones de reutilización versus recompilación de planes que podrían afectar el rendimiento general del sistema.

Las herramientas y técnicas para el análisis de planes de ejecución continúan evolucionando con las plataformas de bases de datos modernas. Si bien la interfaz gráfica básica del plan de ejecución proporciona información valiosa, las herramientas adicionales para comparación de planes, análisis de regresión de rendimiento y sugerencias de optimización automatizadas ayudan a agilizar el proceso de optimización.

La revisión regular de planes de ejecución debe formar parte de cualquier estrategia integral de optimización de consultas. Esto incluye la revisión periódica de planes para consultas críticas, la validación de cambios de optimización mediante análisis de planes y el monitoreo de la estabilidad y patrones de reutilización de planes. Esta atención continua ayuda a mantener un rendimiento óptimo de las consultas a medida que los volúmenes y patrones de datos evolucionan con el tiempo.

Mediante una atención cuidadosa al análisis de planes de ejecución, los analistas pueden tomar decisiones más informadas sobre estrategias de optimización de consultas y validar la efectividad de sus esfuerzos de optimización. Esta comprensión resulta particularmente valiosa cuando se trabaja con consultas complejas o grandes conjuntos de datos donde pequeñas optimizaciones pueden impactar significativamente el rendimiento general.

Capítulo 41: Trabajando con Grandes Conjuntos de Datos

Trabajar con conjuntos de datos grandes presenta desafíos únicos que requieren una consideración cuidadosa tanto del diseño de consultas como de los recursos del sistema. A medida que los volúmenes de datos continúan creciendo exponencialmente, los analistas deben adaptar sus enfoques para mantener el rendimiento y la eficiencia mientras procesan cantidades masivas de información.

• • • •

LA PRIMERA CONSIDERACIÓN al trabajar con conjuntos de datos grandes implica comprender las limitaciones de memoria y procesamiento de tu entorno. Si bien los sistemas de bases de datos modernos pueden manejar volúmenes significativos de datos, las consultas mal diseñadas pueden abrumar rápidamente los recursos disponibles. Dividir grandes operaciones en fragmentos manejables a través de procesamiento por lotes o incremental a menudo proporciona un enfoque más confiable que intentar procesar todo de una vez.

• • • •

LA OPTIMIZACIÓN DE consultas se vuelve particularmente crítica cuando se trata de conjuntos de datos grandes. El impacto en el rendimiento de las consultas ineficientes se multiplica dramáticamente a medida que aumentan los volúmenes de datos. Las operaciones simples que funcionan bien en conjuntos de datos pequeños pueden volverse impracticables cuando se escalan a millones o billones de filas. Esto hace que técnicas como la indexación adecuada, estrategias eficientes de unión y la colocación cuidadosa de predicados sean esenciales para mantener un rendimiento aceptable.

••••

LAS ESTRATEGIAS DE particionamiento a menudo juegan un papel crucial cuando se trabaja con conjuntos de datos grandes. Al dividir los datos en segmentos más pequeños y manejables basados en criterios lógicos como rangos de fechas o categorías, a menudo podemos procesar conjuntos de datos grandes de manera más eficiente. Esto nos permite enfocar las operaciones en particiones relevantes en lugar de escanear tablas completas, reduciendo significativamente los requisitos de E/S y procesamiento.

••••

LAS TABLAS TEMPORALES y áreas de preparación se convierten en herramientas valiosas cuando se trabaja con conjuntos de datos grandes. Dividir operaciones complejas en pasos usando almacenamiento temporal puede mejorar tanto el rendimiento como la capacidad de gestión. Este enfoque nos permite materializar resultados intermedios, aplicar índices donde sea beneficioso y controlar mejor el flujo de datos a través de nuestro pipeline de procesamiento.

••••

LA GESTIÓN DE MEMORIA requiere atención cuidadosa cuando se trabaja con conjuntos de datos grandes. Las operaciones que funcionan bien con conjuntos de datos pequeños pueden causar presión de memoria cuando se escalan. Comprender cómo las operaciones como ordenamientos, uniones hash y agregaciones consumen memoria nos ayuda a diseñar consultas que funcionen dentro de los recursos disponibles. Esto puede involucrar técnicas como procesamiento por lotes o enfoques de transmisión que limitan los requisitos de memoria.

••••

LAS CAPACIDADES DE procesamiento paralelo se vuelven cada vez más importantes a medida que crecen los tamaños de los conjuntos de datos. Los sistemas de bases de datos modernos pueden distribuir el procesamiento de consultas entre múltiples procesadores, pero lograr un paralelismo óptimo requiere un diseño cuidadoso de consultas. Comprender cómo se paralelizan diferentes operaciones y estructurar consultas para aprovechar el procesamiento paralelo puede mejorar significativamente el rendimiento en conjuntos de datos grandes.

• • • •

LAS ESTRATEGIAS DE índices pueden necesitar ajustes cuando se trabaja con conjuntos de datos grandes. Si bien los índices mejoran el rendimiento de las consultas, también consumen espacio de almacenamiento y afectan el rendimiento de inserción/actualización. Encontrar el equilibrio correcto entre la cobertura del índice y la sobrecarga de mantenimiento se vuelve crucial. Esto puede involucrar el uso de índices filtrados, índices covering o índices compuestos cuidadosamente elegidos para soportar patrones específicos de consulta.

• • • •

LA GESTIÓN DE ESTADÍSTICAS adquiere mayor importancia con conjuntos de datos grandes. El optimizador de consultas depende de las estadísticas para tomar buenas decisiones de ejecución, pero el mantenimiento de estadísticas puede volverse desafiante con grandes volúmenes de datos. Implementar estrategias efectivas de actualización de estadísticas y monitorear la precisión de las estadísticas ayuda a mantener el rendimiento de las consultas a medida que crecen los datos.

• • • •

LAS ESTRATEGIAS DE procesamiento incremental a menudo resultan valiosas cuando se trabaja con conjuntos de datos grandes.

En lugar de procesar todos los datos a la vez, dividir operaciones en incrementos más pequeños basados en ventanas de tiempo u otras divisiones lógicas puede mejorar la capacidad de gestión y reducir la contención de recursos. Este enfoque resulta particularmente valioso para operaciones de procesamiento regulares como actualizaciones diarias o cálculos continuos.

• • • •

LAS ESTRATEGIAS DE archivado y retención de datos se convierten en consideraciones esenciales con conjuntos de datos grandes. No todos los datos necesitan permanecer en tablas activas indefinidamente. Implementar estrategias efectivas de archivado ayuda a gestionar los requisitos de almacenamiento mientras se mantiene el acceso a datos históricos cuando sea necesario. Esto puede involucrar esquemas de particionamiento que faciliten el archivado fácil o tablas históricas separadas con estrategias de indexación apropiadas.

• • • •

EL MONITOREO Y LA RESOLUCIÓN de problemas adquieren una complejidad adicional con conjuntos de datos grandes. Los enfoques tradicionales de resolución de problemas pueden resultar impracticables cuando se trata de billones de filas. Desarrollar estrategias efectivas de monitoreo y mantener buena información de diagnóstico ayuda a identificar y resolver problemas eficientemente. Esto incluye monitorear el uso de recursos, patrones de rendimiento de consultas y tendencias de crecimiento de almacenamiento.

• • • •

LOS PROCESOS ETL (EXTRACCIÓN, Transformación, Carga) requieren un diseño cuidadoso cuando se manejan conjuntos de datos grandes. Dividir transformaciones complejas en pasos manejables, implementar manejo efectivo de errores y mantener puntos de control de procesamiento ayuda a asegurar un procesamiento de datos confiable. Esto puede involucrar tablas de preparación, estrategias de procesamiento incremental y manejo cuidadoso de dependencias entre pasos de procesamiento.

• • • •

LOS PATRONES DE CONSULTA a menudo necesitan adaptación para conjuntos de datos grandes. Las técnicas que funcionan bien con conjuntos de datos pequeños pueden necesitar reestructuración para un mejor rendimiento a escala. Esto podría involucrar reescribir subconsultas correlacionadas como uniones, usar funciones de ventana en lugar de auto-uniones, o implementar enfoques de procesamiento por lotes para operaciones complejas.

• • • •

LA GOBERNANZA DE RECURSOS se vuelve cada vez más importante a medida que crecen los tamaños de los conjuntos de datos. Implementar controles de recursos apropiados ayuda a prevenir que consultas individuales abrumen los recursos del sistema. Esto puede involucrar establecer límites apropiados del gobernador de consultas, implementar grupos de carga de trabajo o usar grupos de recursos para gestionar demandas de procesamiento concurrentes.

• • • •

A TRAVÉS DE UNA ATENCIÓN cuidadosa a estas consideraciones y la aplicación apropiada de técnicas de optimización, los analistas pueden trabajar efectivamente incluso con conjuntos de datos muy grandes. El éxito requiere comprender tanto las capacidades técnicas de nuestras plataformas de bases de datos como las implicaciones prácticas de diferentes enfoques de procesamiento. Este conocimiento nos ayuda a diseñar soluciones que permanezcan eficientes y manejables a medida que los volúmenes de datos continúan creciendo.

Capítulo 42: Estrategias de Particionamiento

El Capítulo 42 se centra en las estrategias de particionamiento, una técnica crucial para gestionar y optimizar grandes tablas de bases de datos. El particionamiento nos permite dividir grandes tablas en piezas más pequeñas y manejables basadas en criterios definidos, mejorando el rendimiento de las consultas y las capacidades de gestión de datos.

El particionamiento de tablas sirve para múltiples propósitos en la gestión de bases de datos. En su esencia, el particionamiento divide las tablas grandes en unidades lógicas más pequeñas mientras mantiene la apariencia de una única tabla para aplicaciones y consultas. Esta división permite un acceso más eficiente a los datos, operaciones de mantenimiento simplificadas y un mejor rendimiento de las consultas cuando se implementa adecuadamente.

El particionamiento horizontal, también conocido como fragmentación, representa la estrategia de particionamiento más común. En este enfoque, las filas se distribuyen entre múltiples particiones basándose en los valores de una o más columnas. Las claves de particionamiento comunes incluyen campos de fecha, regiones geográficas o segmentos de clientes. Por ejemplo, una gran tabla de ventas podría particionarse por fecha de pedido, con cada partición conteniendo datos de un mes o trimestre específico.

El particionamiento por rango divide los datos basándose en rangos contiguos pero no superpuestos de valores. Esta estrategia funciona particularmente bien con el particionamiento basado en fechas, donde cada partición podría contener datos de un período de tiempo específico. El particionamiento por rango facilita estrategias eficientes de retención y archivado de datos, ya que particiones enteras pueden eliminarse o archivarse fácilmente cuando los datos superan el período de retención activo.

El particionamiento por lista distribuye las filas basándose en valores específicos en una columna. Este enfoque resulta valioso cuando los datos se segmentan naturalmente en categorías discretas. Por ejemplo, una base de datos de ventas global podría particionarse por país o región, permitiendo un acceso eficiente a los datos de áreas geográficas específicas mientras se mantiene la capacidad de consultar todas las regiones cuando sea necesario.

El particionamiento hash utiliza un algoritmo de hash para distribuir las filas entre particiones. Esta estrategia asegura una distribución relativamente uniforme de los datos entre particiones, lo que puede ayudar a equilibrar las cargas de E/S y procesamiento. El particionamiento hash funciona bien cuando no hay una segmentación natural por rango o lista de los datos, pero aún se desea distribuir el procesamiento entre múltiples particiones.

El particionamiento compuesto combina múltiples estrategias de particionamiento. Por ejemplo, se podría particionar primero por rango de fechas y luego subparticionar por región. Este enfoque proporciona flexibilidad adicional en la gestión y acceso a los datos, aunque requiere una consideración cuidadosa de los patrones de consulta para asegurar un rendimiento óptimo.

La eliminación de particiones representa uno de los beneficios clave del particionamiento de tablas. Cuando las consultas incluyen predicados sobre la clave de particionamiento, el motor de base de datos puede eliminar las particiones irrelevantes de la consideración, reduciendo significativamente los requisitos de E/S y procesamiento. Por esta razón, elegir claves de particionamiento que se alineen con patrones comunes de consulta se vuelve crucial para la optimización del rendimiento.

Las operaciones de mantenimiento de particiones se vuelven más simples con estrategias de particionamiento correctamente implementadas. Agregar nuevas particiones, archivar datos antiguos o reconstruir índices puede realizarse partición por partición, reduciendo el impacto en los recursos del sistema y permitiendo una mejor programación de las actividades de mantenimiento.

El diseño de índices requiere una consideración especial en tablas particionadas. Los índices locales, que están particionados de la misma manera que la tabla, proporcionan buen rendimiento para consultas que se benefician de la eliminación de particiones. Los índices globales, que abarcan todas las particiones, pueden ser necesarios para consultas que no se alinean con la estrategia de particionamiento pero aún requieren soporte de índices.

La selección de la estrategia de particionamiento debe considerar varios factores incluyendo el volumen de datos, patrones de crecimiento, patrones de consulta y requisitos de mantenimiento. La estrategia de particionamiento incorrecta puede realmente degradar el rendimiento, por lo que un análisis cuidadoso de estos factores se vuelve esencial para una implementación exitosa.

Los patrones de diseño de consultas a menudo necesitan adaptación para aprovechar completamente las tablas particionadas. Entender cómo diferentes construcciones de consultas interactúan con el particionamiento puede ayudar a asegurar un rendimiento óptimo. Esto puede implicar reestructurar consultas para alinearse mejor con las claves de particionamiento o implementar estrategias de procesamiento paralelo que aprovechen la independencia de las particiones.

El monitoreo y gestión de tablas particionadas requiere atención a las estadísticas a nivel de partición y métricas de rendimiento. La revisión regular de los patrones de uso de particiones, tasas de crecimiento y rendimiento de consultas ayuda a identificar oportunidades de optimización y asegura que la estrategia de particionamiento continúe satisfaciendo las necesidades del negocio a medida que crecen los volúmenes de datos.

El monitoreo de eliminación de particiones se vuelve particularmente importante para la optimización del rendimiento. Entender qué consultas aprovechan exitosamente la eliminación de particiones y cuáles escanean particiones innecesarias ayuda a identificar oportunidades para la optimización de consultas o posibles ajustes a la estrategia de particionamiento.

A través de la implementación cuidadosa de estrategias de particionamiento apropiadas, las organizaciones pueden gestionar efectivamente grandes conjuntos de datos mientras mantienen un buen rendimiento de consultas y operaciones de mantenimiento simplificadas. El éxito requiere comprender tanto los aspectos técnicos del particionamiento como los requisitos específicos de sus datos y patrones de consulta.

Capítulo 43: Tablas Temporales y Variables de Tabla

Las tablas temporales y variables de tabla proporcionan herramientas esenciales en el conjunto de herramientas del analista SQL, ofreciendo formas flexibles de almacenar y manipular resultados intermedios durante procesos complejos de análisis de datos. Si bien ambas sirven propósitos similares, comprender sus características distintivas y casos de uso óptimos ayuda a los analistas a tomar decisiones informadas sobre qué herramienta se adapta mejor a sus necesidades específicas.

Las tablas temporales, denotadas por el prefijo # para tablas temporales locales o ## para tablas temporales globales, existen durante la duración de una sesión o hasta que se eliminan explícitamente. Estas tablas se comportan de manera similar a las tablas permanentes, admitiendo índices, restricciones y estadísticas, lo que las hace particularmente útiles para escenarios complejos de manipulación de datos donde la optimización del rendimiento se vuelve crucial.

Las tablas temporales locales permanecen accesibles solo para la sesión que las creó, proporcionando un espacio seguro para la manipulación de datos sin preocuparse por conflictos de nombres o interferencias de otros usuarios. Este aislamiento las hace ideales para desglosar consultas complejas en pasos más manejables, especialmente cuando se trabaja con grandes conjuntos de datos o múltiples transformaciones.

Las tablas temporales globales, aunque menos utilizadas comúnmente, sirven para propósitos específicos en escenarios donde múltiples sesiones necesitan compartir resultados intermedios. Estas tablas permanecen disponibles para todas las sesiones hasta que la sesión creadora y todas las demás sesiones que las referencian terminan.

Sin embargo, su naturaleza global requiere una consideración cuidadosa del acceso concurrente y posibles conflictos de nombres.

Las variables de tabla, declaradas usando la sintaxis @nombre_tabla, ofrecen un enfoque alternativo para el almacenamiento temporal de datos. Estas variables existen solo dentro del alcance del lote o procedimiento almacenado donde se declaran, haciéndolas ideales para conjuntos de datos más pequeños y operaciones más simples. A diferencia de las tablas temporales, las variables de tabla residen completamente en memoria, lo que puede proporcionar beneficios de rendimiento para conjuntos de resultados pequeños pero puede convertirse en una limitación con volúmenes de datos más grandes.

Una ventaja significativa de las tablas temporales radica en su capacidad para admitir índices y estadísticas. Cuando se trabaja con conjuntos de datos más grandes, crear índices en tablas temporales puede mejorar dramáticamente el rendimiento de las consultas, especialmente para operaciones que involucran joins o condiciones de filtrado complejas. Las variables de tabla, aunque más ligeras, no admiten índices definidos por el usuario, aunque mantienen estadísticas internas que el optimizador de consultas puede utilizar.

La gestión de memoria representa otra consideración clave al elegir entre tablas temporales y variables de tabla. Las variables de tabla, al residir en memoria, pueden proporcionar tiempos de acceso más rápidos para conjuntos de datos pequeños pero pueden consumir recursos de memoria significativos con conjuntos de resultados más grandes. Las tablas temporales, que pueden desbordarse al disco cuando es necesario, a menudo manejan conjuntos de datos más grandes de manera más eficiente, aunque con tiempos de acceso potencialmente más lentos.

El comportamiento transaccional también difiere entre estos dos enfoques. Las variables de tabla participan en el ámbito de la transacción actual pero mantienen sus datos incluso si la transacción se revierte. Las tablas temporales, por el contrario, siguen las reglas de transacción estándar, con sus datos revirtiéndose junto con la transacción. Esta distinción se vuelve particularmente importante al implementar mecanismos de manejo y recuperación de errores.

Las características de rendimiento varían significativamente según el caso de uso específico. Para conjuntos de resultados pequeños, típicamente menos de 1000 filas, las variables de tabla a menudo superan en rendimiento a las tablas temporales debido a su naturaleza residente en memoria y proceso de optimización simplificado. Sin embargo, a medida que crecen los volúmenes de datos, las tablas temporales generalmente proporcionan mejor rendimiento, especialmente cuando están correctamente indexadas.

La sintaxis de creación e inicialización difiere entre estas opciones, con las variables de tabla requiriendo una definición completa al momento de la declaración. Las tablas temporales ofrecen más flexibilidad, permitiendo la creación dinámica y modificación de estructura después de la creación inicial. Esta flexibilidad resulta particularmente valiosa cuando se trabaja con SQL dinámico o cuando la estructura de la tabla necesita adaptarse según las condiciones de tiempo de ejecución.

El comportamiento de optimización de consultas también difiere entre estos enfoques. El optimizador de consultas maneja las tablas temporales de manera similar a las tablas permanentes, utilizando estadísticas y optimización basada en costos para generar planes de ejecución eficientes. Las variables de tabla, sin embargo, a menudo dependen de estrategias de optimización más simplificadas, lo que puede afectar el rendimiento para consultas complejas o conjuntos de datos más grandes.

La gestión de alcance y tiempo de vida requiere una consideración cuidadosa al implementar cualquier enfoque. Las tablas temporales persisten hasta que se eliminan explícitamente o la sesión termina, lo que puede llevar al consumo de recursos si no se gestionan adecuadamente. Las variables de tabla se limpian automáticamente cuando salen del alcance, proporcionando una gestión de recursos más simple pero requiriendo atención cuidadosa a los límites de alcance en procedimientos complejos.

Las estrategias de manejo de errores a menudo influyen en la elección entre tablas temporales y variables de tabla. La limpieza automática de variables de tabla cuando los procedimientos fallan puede simplificar la recuperación de errores, mientras que las tablas temporales pueden requerir código de limpieza explícito en los manejadores de errores para asegurar una gestión adecuada de recursos.

Tanto las tablas temporales como las variables de tabla admiten operaciones comunes de tabla incluyendo inserciones, actualizaciones y eliminaciones. Sin embargo, las tablas temporales proporcionan flexibilidad adicional con características como operaciones de truncamiento de tabla y la capacidad de crear y modificar índices después de la creación de la tabla. Estas capacidades a menudo resultan valiosas al optimizar el rendimiento para patrones específicos de consulta.

El monitoreo y la resolución de problemas también difieren entre estos enfoques. Las tablas temporales aparecen en vistas del sistema y pueden ser monitoreadas usando herramientas estándar de monitoreo de bases de datos. Las variables de tabla, siendo más efímeras, proporcionan menos opciones de monitoreo pero generalmente requieren menos monitoreo debido a su limpieza automática y naturaleza limitada al alcance.

La decisión entre usar tablas temporales y variables de tabla finalmente depende de requisitos específicos incluyendo volumen de datos, necesidades de rendimiento, comportamiento transaccional y consideraciones de gestión de recursos. Comprender estos factores ayuda a los analistas a elegir la herramienta más apropiada para sus escenarios específicos, llevando a soluciones más eficientes y mantenibles.

Capítulo 44: Evaluación de la Calidad de Datos

La evaluación de la calidad de datos constituye la base de un análisis confiable y una toma de decisiones informada. A medida que los analistas de datos trabajan cada vez más con conjuntos de datos diversos y complejos, comprender cómo evaluar y monitorear sistemáticamente la calidad de los datos se vuelve crucial para entregar información confiable.

La evaluación de la calidad de datos comienza con el establecimiento de dimensiones claras de calidad. La exactitud mide qué tan bien los datos reflejan valores del mundo real, mientras que la completitud evalúa si todos los elementos de datos requeridos están presentes. La consistencia examina los datos entre diferentes tablas y sistemas para asegurar que los valores se alineen lógicamente. La puntualidad evalúa si los datos son lo suficientemente actuales para su uso previsto, y la validez confirma que los datos cumplen con las reglas y restricciones comerciales definidas.

SQL proporciona herramientas poderosas para evaluar estas dimensiones de calidad. Para evaluar la exactitud, los analistas pueden hacer referencias cruzadas de valores contra fuentes conocidas o verificar valores que caen fuera de los rangos esperados. Por ejemplo, una consulta podría identificar precios de productos que se desvían significativamente de los promedios históricos o detectar fechas imposibles como el 30 de febrero.

Las verificaciones de completitud a menudo implican examinar valores nulos y su distribución en campos importantes. Una evaluación integral podría analizar los porcentajes de nulos por columna, identificar patrones en datos faltantes y determinar si los valores faltantes aparecen aleatoriamente o siguen patrones específicos que podrían indicar problemas sistemáticos en la recolección o procesamiento de datos.

La evaluación de consistencia requiere examinar las relaciones entre diferentes elementos de datos. Esto puede implicar verificar si se mantienen las relaciones de clave foránea, verificar que los campos calculados coincidan con sus componentes fuente, o asegurar que las transiciones de estado sigan secuencias permitidas. Las uniones SQL y las cláusulas exists sobresalen en revelar inconsistencias entre tablas relacionadas.

La evaluación de calidad temporal se centra en la frescura de los datos y la precisión histórica. Los analistas deben examinar las frecuencias de actualización, identificar registros obsoletos y verificar que la información sensible al tiempo cumpla con los requisitos comerciales. Esto podría incluir verificar que los niveles de inventario reflejen transacciones recientes o que la información de contacto del cliente haya sido verificada dentro de un plazo aceptable.

El análisis de patrones ayuda a identificar posibles problemas de calidad de datos al revelar variaciones o anomalías inesperadas. Las funciones de cadena de SQL y las expresiones regulares pueden detectar inconsistencias de formato en campos de texto, mientras que las funciones estadísticas ayudan a identificar valores atípicos numéricos que requieren investigación.

La integridad referencial representa otro aspecto crucial de la calidad de datos. Si bien las restricciones de base de datos pueden imponer reglas de integridad, los analistas a menudo necesitan verificar la integridad entre sistemas o en situaciones donde las restricciones no están completamente implementadas. Las consultas SQL pueden identificar registros huérfanos, claves duplicadas u otras violaciones de relaciones esperadas.

El análisis de distribución de valores proporciona información sobre la calidad de datos al revelar patrones o concentraciones inesperadas. Examinar la distribución de frecuencia de variables categóricas, el rango y la dispersión de valores numéricos, y las relaciones entre diferentes campos puede resaltar posibles problemas de calidad que podrían no ser evidentes a través de reglas simples de validación.

La validación de reglas de negocio forma un componente crítico de la evaluación de calidad. Estas reglas a menudo se extienden más allá de simples verificaciones de tipo de datos o rango para abarcar relaciones complejas y condiciones específicas del dominio comercial. Las expresiones case de SQL y los operadores lógicos complejos permiten la implementación de reglas sofisticadas de validación.

El seguimiento de métricas de calidad a lo largo del tiempo ayuda a identificar tendencias y posible degradación en la calidad de datos. Crear tableros o informes regulares que monitoreen indicadores clave de calidad permite a las organizaciones abordar proactivamente los problemas antes de que impacten las operaciones comerciales. Las métricas comunes podrían incluir tasas de error, puntajes de completitud o el porcentaje de registros que cumplen con criterios específicos de calidad.

El perfilado de datos extiende la evaluación de calidad al proporcionar un análisis detallado del contenido, estructura y relaciones de los datos. Esto incluye examinar frecuencias de valores, distribuciones de longitud, patrones en campos de texto y correlaciones entre diferentes atributos. Las funciones de agregación y análisis de SQL admiten un perfilado integral en grandes conjuntos de datos.

El análisis de cambios forma otro aspecto importante de la evaluación de calidad. Rastrear cómo cambian los datos a lo largo del tiempo puede revelar problemas de calidad como modificaciones inesperadas, cambios no autorizados o errores sistemáticos en procesos de actualización. Comparar valores actuales con instantáneas históricas ayuda a identificar cambios anómalos que requieren investigación.

La documentación juega un papel crucial en la evaluación de calidad. Mantener registros claros de verificaciones de calidad, problemas conocidos y pasos de resolución ayuda a los equipos a comprender las limitaciones de los datos y asegurar un manejo consistente de las preocupaciones de calidad. Esta documentación debe incluir consultas SQL utilizadas para verificaciones de calidad, facilitando la repetición de evaluaciones y la modificación de verificaciones según evolucionen los requisitos.

Las verificaciones automatizadas de calidad ayudan a asegurar una evaluación consistente de la calidad de datos. Al incorporar consultas de evaluación de calidad en procedimientos regulares de mantenimiento o procesos ETL, los equipos pueden identificar problemas temprano y mantener altos estándares de calidad. Estas verificaciones automatizadas podrían ejecutarse diariamente, verificando nuevos problemas de calidad y alertando a los miembros del equipo apropiados cuando surgen problemas.

Las consideraciones de rendimiento se vuelven importantes al implementar verificaciones de calidad en grandes conjuntos de datos. El diseño eficiente de consultas, la indexación apropiada y el uso cuidadoso de tablas temporales o vistas materializadas pueden ayudar a asegurar que las evaluaciones de calidad se completen en plazos razonables sin impactar otras operaciones de base de datos.

En última instancia, la evaluación efectiva de la calidad de datos requiere una combinación de habilidades técnicas en SQL, conocimiento del dominio y un enfoque sistemático para la evaluación. Al comprender las dimensiones comunes de calidad e implementar verificaciones integrales, los analistas pueden asegurar que sus datos proporcionen una base confiable para la toma de decisiones comerciales.

Capítulo 45: Construcción de Informes de Calidad de Datos

La creación de informes efectivos de calidad de datos representa un paso crucial después de evaluar la calidad de datos. Estos informes proporcionan a las partes interesadas una visibilidad clara sobre la salud de los datos y permiten decisiones basadas en datos sobre iniciativas de mejora de calidad. Este capítulo explora enfoques integrales para crear informes significativos de calidad de datos utilizando SQL.

Los informes de calidad de datos sirven a múltiples audiencias, desde equipos técnicos que necesitan diagnósticos detallados hasta ejecutivos que requieren métricas de calidad de alto nivel. Un marco de informes bien diseñado satisface estas diversas necesidades a través de informes estratificados que presentan información con niveles apropiados de detalle para cada audiencia.

La base de los informes de calidad comienza con el establecimiento de métricas clave que se alinean con los estándares de calidad organizacionales. Estas típicamente incluyen tasas de completitud, puntuaciones de precisión, medidas de consistencia e indicadores de puntualidad. Las consultas SQL pueden calcular estas métricas sistemáticamente, proporcionando instantáneas puntuales y análisis de tendencias a lo largo del tiempo.

Los informes de completitud a menudo forman la piedra angular de la evaluación de calidad. Un informe básico de completitud podría incluir consultas que calculen el porcentaje de campos poblados en columnas críticas. Un análisis más sofisticado puede segmentar la completitud por unidad de negocio, dominio de datos o período de tiempo para identificar patrones en datos faltantes.

Los informes de precisión requieren comparar datos contra fuentes conocidas confiables o reglas de negocio establecidas. Las consultas SQL pueden identificar registros que caen fuera de parámetros aceptables y calcular tasas de error en diferentes categorías de datos. Esto puede incluir verificar campos numéricos contra rangos válidos o verificar que los campos de texto se ajusten a formatos esperados.

Los informes de consistencia examinan relaciones entre elementos de datos relacionados. Estos informes pueden resaltar violaciones de claves foráneas, identificar valores desiguales entre tablas relacionadas o detectar inconsistencias lógicas en progresiones de estado. Las uniones SQL y las verificaciones de existencia forman la columna vertebral de los informes de consistencia.

Los informes de calidad temporal rastrean la frescura de los datos y los patrones de actualización. Los informes pueden mostrar la distribución de edad de los registros, resaltar datos obsoletos que requieren actualizaciones o identificar sistemas con retrasos de sincronización. Esto ayuda a las organizaciones a mantener frecuencias de actualización apropiadas y abordar problemas de puntualidad de manera proactiva.

La presentación visual de métricas de calidad mejora significativamente la efectividad del informe. Si bien SQL se centra en calcular métricas, los resultados pueden alimentar herramientas de visualización que crean gráficos, diagramas y paneles. Las visualizaciones comunes incluyen líneas de tendencia que muestran métricas de calidad a lo largo del tiempo, mapas de calor que resaltan áreas problemáticas e informes detallados para investigación detallada.

La generación automatizada de informes asegura un monitoreo consistente de calidad sin intervención manual. Los trabajos programados de SQL pueden actualizar métricas de calidad en intervalos regulares, poblar tablas de informes y activar alertas cuando las métricas caen por debajo de umbrales aceptables. Esta automatización apoya la gestión proactiva de calidad y la detección rápida de problemas.

El análisis de tendencias forma un componente esencial de los informes de calidad. En lugar de simplemente mostrar niveles actuales de calidad, los informes efectivos rastrean cambios a lo largo del tiempo para identificar tendencias de mejora o deterioro. Las funciones de ventana SQL sobresalen en el cálculo de promedios móviles, cambios período a período y otros indicadores de tendencia.

Los informes de excepción ayudan a enfocar la atención en problemas críticos de calidad. En lugar de mostrar todas las métricas de calidad, estos informes resaltan problemas específicos que requieren atención inmediata. Las consultas SQL pueden filtrar violaciones severas de calidad, problemas persistentes o problemas emergentes basados en umbrales de severidad definidos.

El análisis dimensional en informes de calidad proporciona información sobre cómo varía la calidad a través de diferentes dimensiones comerciales. Los informes pueden segmentar métricas de calidad por línea de producto, región geográfica, tipo de cliente u otras categorías relevantes. Esto ayuda a identificar si los problemas de calidad afectan desproporcionadamente a áreas específicas del negocio.

La evaluación de impacto representa otro aspecto crucial de los informes de calidad. Los informes deben resaltar cómo los problemas de calidad afectan las operaciones comerciales, la experiencia del cliente o los resultados financieros. Las consultas SQL pueden correlacionar métricas de calidad con indicadores de desempeño empresarial para cuantificar el impacto de los problemas de calidad.

La distribución de informes requiere una consideración cuidadosa de controles de seguridad y acceso. Si bien algunas métricas de calidad pueden compartirse ampliamente, otras pueden contener información sensible que requiere acceso restringido. Las vistas SQL y la seguridad a nivel de fila ayudan a gestionar el acceso apropiado a la información para diferentes grupos de usuarios.

Las métricas históricas de calidad deben preservarse para apoyar el análisis a largo plazo. Crear tablas de hechos para almacenar mediciones de calidad a lo largo del tiempo, junto con tablas de dimensiones apropiadas para categorización, permite un rico análisis histórico e identificación de tendencias. Las estrategias de particionamiento SQL pueden ayudar a gestionar eficientemente datos históricos crecientes.

Los metadatos sobre reglas y mediciones de calidad deben acompañar los informes de calidad. Esto incluye documentación de reglas de negocio, metodologías de cálculo y limitaciones conocidas de datos. Almacenar estos metadatos en tablas de base de datos permite incorporarlos directamente en informes para un contexto apropiado.

El mantenimiento de informes requiere atención continua a medida que evolucionan las necesidades comerciales. Las revisiones regulares deben evaluar si los informes existentes aún satisfacen las necesidades de las partes interesadas y si deben incorporarse nuevas dimensiones de calidad. El código SQL que gestiona estos informes debe estar bien documentado para facilitar actualizaciones y modificaciones.

Los informes de calidad efectivos impulsan en última instancia iniciativas de mejora de calidad. Al proporcionar una visibilidad clara sobre problemas de calidad y su impacto, los informes permiten a las organizaciones priorizar esfuerzos de mejora y medir su efectividad. Los informes regulares crean responsabilidad por la calidad de datos y ayudan a construir una cultura basada en datos enfocada en mantener altos estándares de calidad.

Capítulo 46: SQL para Métricas de Negocio

SQL para Métricas Empresariales representa un puente crítico entre datos brutos e insights empresariales accionables. En este capítulo, exploramos cómo SQL puede ser aprovechado para crear métricas empresariales significativas que impulsan la toma de decisiones y el éxito organizacional.

• • • •

LAS MÉTRICAS EMPRESARIALES forman la base de la medición del rendimiento en las organizaciones. Mientras que las métricas simples pueden rastrear conteos o sumas básicas, las métricas empresariales sofisticadas a menudo requieren cálculos complejos, múltiples fuentes de datos y una consideración cuidadosa de las reglas comerciales. SQL proporciona el poder y la flexibilidad para manejar estos requisitos de manera efectiva.

• • • •

LAS MÉTRICAS DE INGRESOS típicamente se encuentran a la vanguardia de la medición empresarial. Los cálculos básicos de ingresos pueden sumar montos de transacciones, pero el análisis significativo de ingresos a menudo requiere enfoques más matizados. Las consultas SQL pueden segmentar los ingresos por línea de producto, segmento de cliente, región geográfica o período de tiempo. También pueden calcular derivados importantes como tasas de crecimiento de ingresos, valores promedio de pedidos e ingresos por cliente.

• • • •

LAS MÉTRICAS DE CLIENTES ayudan a las organizaciones a comprender su base de clientes y la salud de las relaciones. Las consultas

SQL pueden calcular costos de adquisición de clientes, valor de vida del cliente, tasas de abandono y métricas de retención. Estos cálculos a menudo involucran uniones complejas entre historiales de transacciones, atributos de clientes y registros de interacción para construir perfiles completos de clientes.

• • • •

LAS MÉTRICAS DE EFICIENCIA operativa miden qué tan bien funcionan los procesos internos. SQL puede rastrear métricas como tasas de cumplimiento de pedidos, tiempos de procesamiento, rotación de inventario y utilización de recursos. Estas métricas a menudo requieren un manejo cuidadoso de marcas de tiempo y progresiones de estado para medir con precisión el rendimiento operativo.

• • • •

LAS MÉTRICAS FINANCIERAS se extienden más allá del simple seguimiento de ingresos para incluir análisis de rentabilidad, asignación de costos y cálculos de márgenes. Las consultas SQL pueden combinar datos de ingresos con información de costos para calcular márgenes brutos, márgenes operativos y métricas de retorno sobre la inversión. Estos cálculos pueden requerir reglas sofisticadas de asignación y manejo de costos indirectos.

• • • •

LAS MÉTRICAS DE EFECTIVIDAD de marketing ayudan a las organizaciones a medir el rendimiento de campañas y el retorno de inversión en marketing. Las consultas SQL pueden rastrear tasas de conversión, costos de adquisición de clientes y atribución de campañas. Estas métricas a menudo involucran análisis complejos del recorrido del cliente y la atribución adecuada de puntos de contacto de marketing a ventas eventuales.

• • • •

LAS MÉTRICAS DE RENDIMIENTO de empleados proporcionan información sobre la productividad y efectividad de la fuerza laboral. SQL puede calcular métricas como ventas por empleado, tasas de resolución de servicio al cliente o medidas de productividad. Estos cálculos a menudo requieren un manejo cuidadoso de jerarquías de empleados y estructuras organizacionales.

• • • •

LAS MÉTRICAS DE RENDIMIENTO de productos rastrean cómo los productos o servicios individuales contribuyen al éxito empresarial general. Las consultas SQL pueden analizar la rentabilidad a nivel de producto, la eficiencia del inventario y las relaciones de canasta de mercado. Estas métricas pueden incorporar reglas de contabilidad de costos y metodologías complejas de asignación.

• • • •

LAS MÉTRICAS BASADAS en tiempo ayudan a las organizaciones a comprender tendencias de rendimiento y estacionalidad. Las funciones de ventana SQL sobresalen en calcular tasas de crecimiento período a período, promedios móviles e índices estacionales. Estos cálculos proporcionan contexto crucial para comprender patrones de rendimiento empresarial.

• • • •

LAS MÉTRICAS COMPARATIVAS sitúan el rendimiento en contexto midiendo contra puntos de referencia, objetivos o grupos de pares. SQL puede calcular variaciones del plan, porcentajes de participación de mercado y métricas de posición competitiva. Estas comparaciones a menudo requieren una cuidadosa normalización de datos y un manejo apropiado de diferentes escalas de medición.

• • • •

LAS MÉTRICAS COMPUESTAS combinan múltiples métricas individuales en puntajes o índices significativos. SQL puede implementar algoritmos sofisticados de puntuación que ponderan y combinan varios indicadores de rendimiento. Estas métricas compuestas pueden rastrear la satisfacción general del cliente, la calidad del producto o la salud organizacional.

• • • •

LAS MÉTRICAS PREDICTIVAS intentan pronosticar el rendimiento futuro basado en patrones históricos. Mientras que el modelado predictivo complejo típicamente ocurre en herramientas especializadas, SQL puede calcular indicadores predictivos simples como proyecciones de tendencias, pronósticos estacionales y métricas de alerta temprana.

• • • •

LAS MÉTRICAS DE RIESGO ayudan a las organizaciones a monitorear y gestionar varias formas de riesgo empresarial. Las consultas SQL pueden rastrear indicadores de riesgo crediticio, métricas de detección de fraude y medidas de cumplimiento. Estos cálculos a menudo involucran conjuntos de reglas complejas y múltiples fuentes de datos para identificar factores potenciales de riesgo.

• • • •

LAS MÉTRICAS DE EFICIENCIA miden qué tan efectivamente las organizaciones utilizan los recursos. SQL puede calcular métricas como tasas de utilización de activos, medidas de productividad de empleados e indicadores de eficiencia de procesos. Estas métricas a menudo requieren un manejo cuidadoso de datos de capacidad y alineaciones apropiadas de períodos de tiempo.

• • • •

LAS MÉTRICAS DE CALIDAD rastrean niveles de calidad de productos y servicios. Las consultas SQL pueden calcular tasas de defectos, puntajes de satisfacción del cliente y tasas de logro de nivel de servicio. Estas métricas pueden incorporar varias dimensiones de calidad y enfoques de puntuación ponderada.

• • • •

LA IMPLEMENTACIÓN DE métricas empresariales requiere atención cuidadosa a varios principios clave. Primero, las métricas deben alinearse con los objetivos organizacionales y proporcionar insights accionables. Segundo, los cálculos deben ser consistentes y estar bien documentados para asegurar la confiabilidad. Tercero, las definiciones de métricas deben permanecer estables a lo largo del tiempo para permitir un análisis significativo de tendencias.

• • • •

LOS TABLEROS DE RENDIMIENTO a menudo combinan múltiples métricas para proporcionar vistas empresariales completas. SQL puede poblar estos tableros con cálculos de métricas actualizados regularmente, permitiendo el monitoreo de rendimiento en tiempo real. Los tableros efectivos requieren atención cuidadosa a la eficiencia de cálculo y frecuencias de actualización apropiadas.

• • • •

LA REVISIÓN Y REFINAMIENTO regular de métricas asegura la relevancia continua. Las necesidades empresariales evolucionan, y las métricas deben adaptarse en consecuencia. Las implementaciones SQL deben ser modulares y estar bien documentadas para facilitar actualizaciones y modificaciones a medida que cambian las definiciones de métricas.

••••

FINALMENTE, LA GOBERNANZA adecuada de métricas empresariales asegura su uso efectivo. Esto incluye documentar metodologías de cálculo, establecer procedimientos de actualización y gestionar controles de acceso. Las vistas y procedimientos almacenados SQL pueden ayudar a implementar estos requisitos de gobernanza mientras mantienen la consistencia de cálculo.

Capítulo 47: Consultas de Análisis de Clientes

Las Consultas de Análisis del Cliente representan un aspecto crucial de la inteligencia empresarial moderna, permitiendo a las organizaciones obtener conocimientos accionables del comportamiento del cliente, preferencias e interacciones. Este capítulo explora cómo SQL puede ser efectivamente usado para analizar datos de clientes y generar conocimientos significativos que impulsan decisiones empresariales.

• • • •

EN EL CORAZÓN DEL ANÁLISIS del cliente yace la habilidad de entender patrones de comportamiento del cliente. SQL proporciona herramientas poderosas para segmentar clientes basados en varios atributos y comportamientos. Un análisis fundamental a menudo comienza con cálculos de recencia, frecuencia y monetarios (RFM). Estas consultas típicamente involucran analizar historiales de transacciones para determinar cuándo los clientes compraron por última vez, con qué frecuencia compran, y cuánto gastan.

• • • •

LAS CONSULTAS DE SEGMENTACIÓN de clientes a menudo combinan múltiples dimensiones del comportamiento del cliente. Por ejemplo, podríamos querer identificar clientes de alto valor que no han comprado recientemente. Tal análisis requiere una cuidadosa unión de tablas de transacciones con perfiles de clientes, junto con lógica sofisticada de agregación y filtrado. Las funciones de ventana resultan particularmente útiles cuando se analiza el comportamiento del cliente a lo largo de períodos de tiempo.

• • • •

LOS CÁLCULOS DE VALOR de vida representan otro aspecto crítico del análisis del cliente. Estas consultas deben tener en cuenta todas las transacciones del cliente, a menudo ajustando por el valor temporal del dinero y considerando tanto componentes de ingresos como de costos. Las consultas SQL complejas pueden incorporar varias reglas de negocio y factores de ponderación para producir estimaciones precisas de valor de vida que informan las estrategias de adquisición y retención de clientes.

• • • •

EL ANÁLISIS DE PATRONES de compra ayuda a las organizaciones a entender qué productos los clientes típicamente compran juntos y cómo sus preferencias evolucionan con el tiempo. Las consultas de análisis de cesta de mercado pueden revelar afinidades de productos y sugerir oportunidades de venta cruzada. Estas consultas a menudo involucran auto-uniones y agregación compleja para identificar relaciones significativas de productos mientras filtran correlaciones coincidentes.

• • • •

EL ANÁLISIS DEL VIAJE del cliente rastrea cómo los clientes interactúan con la organización a través de múltiples puntos de contacto. Las consultas SQL pueden reconstruir los viajes del cliente analizando registros de interacción, visitas al sitio web, historiales de compras y tickets de soporte. Esto a menudo requiere un manejo cuidadoso de datos de marca de tiempo y operaciones sofisticadas de unión para conectar eventos a través de diferentes sistemas y canales.

• • • •

EL ANÁLISIS DE DESERCIÓN representa un componente crítico del análisis del cliente. Las consultas SQL pueden identificar factores de riesgo de deserción analizando patrones en el comportamiento del cliente, frecuencia de transacciones y métricas de compromiso. Las consultas predictivas de deserción podrían incorporar varias señales de advertencia y factores de riesgo ponderados para crear sistemas de alerta temprana para equipos de retención de clientes.

• • • •

EL ANÁLISIS DE SATISFACCIÓN del cliente a menudo involucra combinar datos estructurados de transacciones con datos no estructurados de retroalimentación. Las consultas SQL pueden analizar calificaciones de clientes, puntajes de reseñas y respuestas de encuestas de satisfacción. Cuando las bases de datos soportan análisis de texto, SQL puede incluso ayudar a analizar el sentimiento en comentarios de clientes y respuestas de retroalimentación.

• • • •

EL ANÁLISIS DE COHORTES proporciona conocimientos poderosos sobre patrones de comportamiento del cliente a lo largo del tiempo. Las consultas SQL pueden agrupar clientes en cohortes basados en fecha de adquisición u otras características, luego analizar cómo los patrones de comportamiento difieren entre cohortes. Esto a menudo involucra manejo complejo de fechas y funciones de ventana para calcular métricas específicas de cohorte.

• • • •

EL ANÁLISIS DE RENTABILIDAD del cliente requiere combinar datos de ingresos con reglas detalladas de asignación de costos. Las consultas SQL pueden calcular la rentabilidad a nivel de cliente considerando ingresos directos, costos de servicio, costos de soporte y gastos generales asignados. Estos cálculos a menudo requieren reglas sofisticadas de asignación de costos y manejo cuidadoso de costos indirectos.

• • • •

EL ANÁLISIS DE COMPROMISO rastrea cómo los clientes interactúan con varios puntos de contacto y servicios. Las consultas SQL pueden analizar frecuencias de inicio de sesión, uso de características, respuestas de comunicación y otros indicadores de compromiso. Estas métricas a menudo requieren una definición cuidadosa de criterios de compromiso y manejo apropiado de diferentes tipos de interacción.

• • • •

EL ANÁLISIS DE ADQUISICIÓN de clientes ayuda a las organizaciones a entender qué canales y métodos atraen más efectivamente a clientes valiosos. Las consultas SQL pueden calcular costos de adquisición y retorno de inversión por canal, mientras analizan la calidad y valor de vida de clientes adquiridos a través de diferentes métodos.

• • • •

EL ANÁLISIS DEMOGRÁFICO proporciona contexto para los patrones de comportamiento del cliente. Las consultas SQL pueden segmentar clientes por varios atributos demográficos y analizar cómo el comportamiento varía entre diferentes grupos demográficos. Esto a menudo involucra unir datos de perfil de cliente con historiales de transacciones e interacciones para revelar patrones significativos.

• • • •

EL ANÁLISIS GEOGRÁFICO añade contexto espacial al análisis del cliente. Las consultas SQL pueden analizar la distribución de clientes, patrones de uso de servicio y variaciones de rendimiento a través de regiones geográficas. Cuando las bases de datos soportan tipos de datos geográficos, SQL puede incluso realizar análisis espacial sofisticado.

• • • •

EL ANÁLISIS DE RESPUESTA ayuda a las organizaciones a entender cómo los clientes reaccionan a varias iniciativas y comunicaciones. Las consultas SQL pueden rastrear tasas de respuesta, tasas de conversión y efectividad a través de diferentes segmentos de clientes. Esto a menudo requiere una atribución cuidadosa de respuestas a iniciativas específicas y manejo apropiado de ventanas de respuesta.

• • • •

EL ANÁLISIS DE PROGRAMA de lealtad requiere rastrear acumulación de puntos, patrones de redención y efectividad del programa. Las consultas SQL pueden calcular saldos de puntos, analizar comportamiento de redención y evaluar el ROI del programa. Estos cálculos a menudo involucran reglas complejas para ganar y expirar puntos.

• • • •

EL ANÁLISIS DE SERVICIO al cliente rastrea interacciones de soporte y efectividad de resolución. Las consultas SQL pueden analizar volúmenes de tickets, tiempos de resolución y niveles de satisfacción a través de diferentes canales de soporte y tipos de problemas. Esto a menudo requiere un manejo cuidadoso de progresiones de estado y mediciones de tiempo.

• • • •

EL ANÁLISIS DE INFLUENCIA social ayuda a identificar clientes que impactan significativamente el comportamiento de otros. Las consultas SQL pueden analizar patrones de referencia, compartición social y redes de influencia. Estos análisis a menudo requieren técnicas sofisticadas de análisis de grafos cuando son soportadas por la base de datos.

• • • •

LA IMPLEMENTACIÓN DEL análisis del cliente requiere atención cuidadosa a la calidad y consistencia de datos. Los datos del cliente a menudo residen en múltiples sistemas y formatos, requiriendo integración cuidadosa y estandarización. Las vistas SQL y procedimientos almacenados pueden ayudar a asegurar análisis consistente a través de diferentes aplicaciones y usuarios.

• • • •

FINALMENTE, EL ANÁLISIS del cliente debe respetar las regulaciones de privacidad y requisitos de protección de datos. Las implementaciones SQL deben incorporar enmascaramiento de datos apropiado y controles de acceso para proteger información sensible del cliente mientras permiten capacidades de análisis necesarias.

Capítulo 48: Análisis de Rendimiento de Ventas

El Análisis del Rendimiento de Ventas constituye una piedra angular de la inteligencia empresarial, permitiendo a las organizaciones evaluar la efectividad de su generación de ingresos e identificar oportunidades de crecimiento. Este capítulo explora cómo SQL puede aprovecharse para realizar análisis exhaustivos de ventas a través de múltiples dimensiones y períodos de tiempo.

En su fundamento, el análisis de ventas comienza con cálculos de ingresos a través de diferentes períodos de tiempo. Las consultas SQL básicas agregan montos de transacciones, pero el análisis sofisticado requiere un manejo cuidadoso de varios factores, incluyendo devoluciones, descuentos y ajustes. Las comparaciones temporales a menudo emplean funciones de ventana para calcular tasas de crecimiento período a período y promedios móviles que suavizan las variaciones estacionales.

El análisis del rendimiento de productos representa un aspecto crucial de la analítica de ventas. Las consultas SQL pueden revelar los productos más vendidos, analizar márgenes de beneficio e identificar tendencias en la combinación de productos a lo largo del tiempo. Esto a menudo implica unir tablas de transacciones de ventas con datos maestros de productos y aplicar lógica de agregación compleja para considerar varios atributos y jerarquías de productos.

El análisis de territorio de ventas ayuda a las organizaciones a comprender los patrones de rendimiento geográfico. Las consultas SQL pueden agregar ventas por región, calcular métricas específicas de territorio y comparar el rendimiento entre diferentes áreas de mercado. Estos análisis a menudo requieren un manejo cuidadoso de las jerarquías territoriales y cambios en las asignaciones de territorio a lo largo del tiempo.

El análisis del rendimiento de representantes de ventas combina datos de transacciones con información de empleados para evaluar la efectividad individual y del equipo. Las consultas SQL pueden calcular cuotas de ventas, ganancias por comisiones y varias métricas de rendimiento. Las funciones de ventana resultan particularmente útiles al clasificar representantes de ventas y calcular medidas de rendimiento relativo.

El análisis de descuentos ayuda a las organizaciones a comprender la efectividad de sus estrategias de precios. Las consultas SQL pueden analizar patrones de descuento, calcular métricas de elasticidad de precios y evaluar el impacto de programas promocionales en la rentabilidad general. Esto a menudo requiere un manejo cuidadoso de varios tipos de descuentos y códigos promocionales.

El análisis de canales evalúa la efectividad de diferentes canales de venta como ventas directas, plataformas en línea y redes de socios. Las consultas SQL pueden comparar el rendimiento de canales, analizar costos específicos de canal e identificar oportunidades para la optimización de canales. Estos análisis a menudo requieren integrar datos de múltiples sistemas y manejar reglas comerciales específicas de canal.

El análisis de rendimiento por segmento de clientes combina datos de ventas con categorización de clientes para entender qué segmentos de clientes generan más valor. Las consultas SQL pueden analizar la distribución de ingresos entre segmentos, evaluar la rentabilidad por segmento e identificar segmentos de alto potencial para el crecimiento. Esto a menudo implica lógica sofisticada de segmentación de clientes y manejo cuidadoso de cambios de segmento a lo largo del tiempo.

El análisis del embudo de ventas rastrea tasas de conversión a través de varias etapas del proceso de ventas. Las consultas SQL pueden analizar la progresión de oportunidades, calcular probabilidades de conversión e identificar cuellos de botella en el proceso de ventas. Estos análisis a menudo requieren un manejo cuidadoso de cambios de estado y definiciones apropiadas de ventanas de tiempo.

El análisis del ciclo de ventas examina el tiempo requerido para cerrar tratos y los factores que afectan la duración del ciclo. Las consultas SQL pueden calcular tiempos promedio de ciclo, analizar variaciones por producto o tipo de cliente e identificar oportunidades para acelerar el proceso de ventas. Esto a menudo implica manejo sofisticado de fechas y definición cuidadosa de puntos de inicio y fin de ciclo.

El análisis de cumplimiento de cuotas ayuda a las organizaciones a evaluar la efectividad de su establecimiento de cuotas y rastrear el progreso hacia objetivos de ventas. Las consultas SQL pueden calcular tasas de cumplimiento, analizar patrones de distribución de cuotas e identificar factores que afectan el logro de cuotas. Estos cálculos a menudo requieren lógica compleja para manejar ajustes de cuotas y circunstancias especiales.

El análisis de ganadas/perdidas examina factores que contribuyen al éxito o fracaso en ventas. Las consultas SQL pueden analizar tasas de éxito a través de diferentes dimensiones, identificar características comunes de tratos ganados y evaluar el impacto de la competencia. Esto a menudo requiere un manejo cuidadoso de cambios de estado de oportunidades e integración de información sobre competidores.

El análisis de pipeline de ventas ayuda a las organizaciones a pronosticar ingresos futuros y evaluar la salud del pipeline. Las consultas SQL pueden calcular ratios de cobertura de pipeline, analizar patrones de progresión por etapas e identificar riesgos en el pipeline. Estos análisis a menudo requieren cálculos sofisticados de probabilidad y manejo cuidadoso del envejecimiento de oportunidades.

El análisis de combinación de productos examina cómo diferentes productos contribuyen al rendimiento general de ventas. Las consultas SQL pueden analizar patrones de combinación de productos, evaluar la efectividad de venta cruzada e identificar oportunidades para optimización de portafolio. Esto a menudo implica agregación compleja a través de jerarquías de productos y manejo cuidadoso de relaciones entre productos.

El análisis de patrones estacionales ayuda a las organizaciones a comprender y prepararse para variaciones cíclicas en el rendimiento de ventas. Las consultas SQL pueden identificar tendencias estacionales, calcular métricas ajustadas por estacionalidad y pronosticar patrones futuros. Estos análisis a menudo requieren manejo sofisticado de series temporales y ajuste apropiado para efectos de calendario.

La detección de anomalías en ventas ayuda a identificar patrones inusuales que requieren atención. Las consultas SQL pueden calcular medidas estadísticas de variación, identificar desviaciones significativas de patrones esperados y generar alertas para actividad inusual. Esto a menudo requiere definición cuidadosa de rangos normales y manejo apropiado de casos especiales.

La implementación del análisis de rendimiento de ventas requiere atención cuidadosa a la calidad y consistencia de datos. Los datos de ventas a menudo provienen de múltiples sistemas y pueden requerir reconciliación y estandarización. Las vistas SQL y procedimientos almacenados pueden ayudar a asegurar análisis consistentes a través de diferentes aplicaciones y usuarios.

Finalmente, el análisis de rendimiento de ventas debe considerar varias reglas comerciales y requisitos contables. Las implementaciones SQL deben incorporar el manejo apropiado de períodos fiscales, reglas de reconocimiento de ingresos y otros requisitos específicos del negocio mientras permiten capacidades de análisis flexibles.

Capítulo 49: Análisis de Campañas de Marketing

El Análisis de Campañas de Marketing representa un aspecto crítico de la analítica de datos moderna, permitiendo a las organizaciones medir y optimizar sus inversiones en marketing. Este capítulo explora cómo SQL puede utilizarse para realizar un análisis exhaustivo de campañas de marketing a través de canales, segmentos y períodos de tiempo.

La base del análisis de campañas de marketing reside en estructurar adecuadamente los datos de campaña. Las organizaciones típicamente mantienen tablas que contienen definiciones de campaña, audiencias objetivo, asignaciones de canal y seguimiento de respuestas. Las consultas SQL deben unir eficazmente estas tablas mientras manejan las complejidades de campañas multicanal y períodos superpuestos.

La medición del rendimiento de campaña comienza con métricas básicas de alcance y participación. Las consultas SQL pueden calcular recuentos de impresiones, tasas de clics y niveles de participación a través de diferentes canales y segmentos de audiencia. Estos cálculos a menudo requieren un manejo cuidadoso de múltiples puntos de contacto y una atribución apropiada de las acciones del cliente a campañas específicas.

El seguimiento de conversiones forma un componente crucial del análisis de campaña. Las consultas SQL pueden rastrear el recorrido del cliente desde la exposición inicial a la campaña a través de varias etapas de participación hasta la conversión final. Esto frecuentemente involucra análisis de ruta complejos y un manejo apropiado de ventanas de conversión para atribuir resultados precisamente a campañas específicas.

Los cálculos de retorno de inversión requieren combinar datos de costos de campaña con atribución de ingresos. Las consultas SQL pueden integrar información de gastos de múltiples fuentes, calcular el impacto en ingresos a través de varios modelos de atribución y determinar la rentabilidad de la campaña. Estos análisis a menudo requieren métodos sofisticados de asignación para manejar costos compartidos y efectos indirectos en los ingresos.

El análisis de segmentación de audiencia ayuda a comprender cómo diferentes grupos de clientes responden a las campañas. Las consultas SQL pueden analizar tasas de respuesta por atributos demográficos, comportamiento de compra previo y otros criterios de segmentación. Esto frecuentemente involucra unir datos de respuesta de campaña con información de perfil del cliente y manejar lógica compleja de segmentación.

El análisis de efectividad de canal compara el rendimiento entre diferentes canales de marketing. Las consultas SQL pueden calcular métricas específicas por canal, analizar interacciones entre canales e identificar la mezcla óptima de canales. Estos análisis deben considerar diferentes metodologías de medición entre canales y manejar la atribución cuando múltiples canales contribuyen a los resultados.

El análisis de pruebas A/B ayuda a optimizar elementos de campaña mediante experimentos controlados. Las consultas SQL pueden comparar métricas de rendimiento entre grupos de prueba y control, calcular significancia estadística e identificar variaciones ganadoras. Esto requiere un manejo cuidadoso de asignaciones de grupos de prueba y cálculos estadísticos apropiados.

El análisis de rendimiento de contenido examina qué mensajes y elementos creativos generan los mejores resultados. Las consultas SQL pueden analizar tasas de participación por tipo de contenido, rastrear el rendimiento del contenido a lo largo del tiempo e identificar patrones en contenido exitoso. Esto frecuentemente involucra integrar datos de gestión de contenido con sistemas de seguimiento de respuesta.

El análisis temporal ayuda a comprender cómo varía la efectividad de la campaña con el tiempo. Las consultas SQL pueden analizar patrones por hora del día, efectos por día de la semana y variaciones estacionales en el rendimiento de la campaña. Estos análisis requieren un manejo sofisticado de fechas y ajustes apropiados para tiempos de vuelo de campaña y zonas horarias.

El análisis del recorrido del cliente examina cómo las campañas influyen en la experiencia general del cliente. Las consultas SQL pueden rastrear secuencias de puntos de contacto, analizar patrones de ruta hacia la compra e identificar momentos críticos en el recorrido del cliente. Esto frecuentemente requiere análisis de secuencia complejos y manejo apropiado de múltiples tipos de interacción.

El análisis de optimización de presupuesto ayuda a asignar recursos de marketing efectivamente. Las consultas SQL pueden analizar patrones de gasto, calcular retornos marginales por canal y segmento, e identificar oportunidades de optimización. Estos análisis a menudo requieren métodos sofisticados de asignación de costos y manejo cuidadoso de definiciones de período presupuestario.

El análisis de impacto competitivo examina cómo las actividades competitivas afectan el rendimiento de la campaña. Las consultas SQL pueden analizar variaciones de rendimiento durante campañas competitivas, calcular métricas de participación de voz e identificar patrones de respuesta competitiva. Esto requiere integración de datos de inteligencia competitiva y contexto de mercado apropiado.

El análisis de impacto de marca mide cómo las campañas afectan la percepción y el conocimiento de marca. Las consultas SQL pueden rastrear cambios en métricas de marca durante campañas, analizar patrones de respuesta de encuestas y calcular métricas de elevación de marca. Esto frecuentemente involucra integrar datos de encuestas con seguimiento de campaña y manejar metodologías complejas de puntuación.

El análisis geográfico ayuda a comprender cómo varía el rendimiento de la campaña por ubicación. Las consultas SQL pueden analizar patrones de respuesta regional, calcular métricas específicas por ubicación e identificar oportunidades geográficas. Estos análisis a menudo requieren manejar jerarquías geográficas complejas y ajustes regionales apropiados.

El análisis de fatiga de campaña ayuda a prevenir la sobresaturación de mensajes de marketing. Las consultas SQL pueden rastrear niveles de exposición acumulativa, analizar patrones de decaimiento de respuesta e identificar frecuencias óptimas de contacto. Esto requiere un seguimiento cuidadoso del historial de contacto del cliente y manejo apropiado de reglas de supresión.

La integración con sistemas de automatización de marketing requiere atención cuidadosa a la sincronización y consistencia de datos. Las implementaciones SQL deben manejar flujos de datos en tiempo real, asegurar un seguimiento preciso entre sistemas y mantener la calidad de datos para la ejecución automatizada de campañas.

Finalmente, el análisis de campañas de marketing debe adaptarse a las regulaciones de privacidad en evolución y las preferencias del cliente. Las implementaciones SQL deben incorporar un manejo apropiado de gestión de consentimiento, restricciones de privacidad y requisitos de retención de datos mientras permiten capacidades completas de análisis de campaña.

La implementación exitosa del análisis de campañas de marketing requiere un balance entre sofisticación analítica y requisitos prácticos de negocio. SQL proporciona la base para un análisis robusto de campaña mientras permite la integración con varias tecnologías de marketing y mantiene los estándares de cumplimiento necesarios.

Capítulo 50: Patrones de Análisis Financiero

El análisis financiero representa un pilar fundamental de la inteligencia empresarial, y SQL proporciona herramientas poderosas para descubrir patrones y perspectivas financieras. Este capítulo explora patrones y técnicas esenciales de SQL específicamente diseñadas para el análisis de datos financieros.

El análisis de datos financieros comienza con el manejo adecuado de valores monetarios y divisas. Las implementaciones de SQL deben gestionar cuidadosamente la precisión decimal, las conversiones de divisas y las reglas de redondeo para mantener la precisión en los cálculos financieros. Esto frecuentemente requiere tipos de datos decimales específicos y un manejo explícito de las tasas de conversión a través de diferentes períodos.

El análisis de ingresos forma un componente fundamental de los informes financieros. Las consultas SQL pueden calcular ingresos a través de varias dimensiones, incluyendo productos, regiones, períodos de tiempo y segmentos de clientes. Estos cálculos deben considerar diferentes reglas de reconocimiento de ingresos, manejar reembolsos y ajustes, y agregar apropiadamente a través de jerarquías organizacionales.

El análisis de costos requiere una atribución y asignación cuidadosa de gastos. Las consultas SQL pueden rastrear costos directos, asignar gastos generales y calcular márgenes en varios niveles. Esto implica unir datos de centros de costos con registros de transacciones e implementar métodos apropiados de asignación para gastos compartidos.

El análisis de rentabilidad combina datos de ingresos y costos para evaluar el desempeño empresarial. Las consultas SQL pueden calcular márgenes brutos, márgenes operativos y métricas de beneficio neto a través de diferentes dimensiones empresariales. Estos cálculos a menudo requieren un manejo sofisticado de asignaciones de costos y un tratamiento apropiado de partidas no operativas.

El análisis de variación presupuestaria compara el rendimiento real contra los objetivos planificados. Las consultas SQL pueden calcular variaciones, rastrear tendencias de rendimiento e identificar desviaciones significativas. Esto requiere unir datos de transacciones reales con tablas de presupuesto e implementar métodos apropiados de cálculo de variaciones.

El análisis de flujo de efectivo rastrea el movimiento de dinero a través de la organización. Las consultas SQL pueden analizar patrones de pago, calcular métricas de cobro y proyectar posiciones futuras de efectivo. Esto implica manejar términos de pago complejos, rastrear el envejecimiento de cuentas por cobrar e implementar reglas apropiadas de reconocimiento de efectivo.

El análisis del balance examina la posición financiera de la organización. Las consultas SQL pueden calcular ratios clave, rastrear posiciones de activos y pasivos, y analizar la estructura de capital. Esto requiere un manejo cuidadoso de las relaciones entre cuentas y un tratamiento apropiado de diferentes métodos contables.

La previsión financiera utiliza patrones históricos para proyectar el rendimiento futuro. Las consultas SQL pueden implementar varios métodos de pronóstico, calcular líneas de tendencia y generar estados financieros proyectados. Esto a menudo implica análisis sofisticados de series temporales y un manejo apropiado de la estacionalidad y ciclos comerciales.

El análisis del capital de trabajo examina la eficiencia operativa. Las consultas SQL pueden calcular la rotación de inventario, días de ventas pendientes y otras métricas de capital de trabajo. Esto requiere unir datos operativos con transacciones financieras e implementar cálculos apropiados del ciclo comercial.

El análisis de inversiones evalúa el retorno de varias inversiones empresariales. Las consultas SQL pueden calcular métricas de ROI, analizar períodos de recuperación y evaluar el rendimiento de inversiones. Esto implica rastrear costos de inversión, atribuir retornos e implementar cálculos apropiados del valor temporal.

El análisis fiscal requiere un manejo cuidadoso de reglas y jurisdicciones tributarias. Las consultas SQL pueden calcular obligaciones fiscales, rastrear pagos de impuestos y analizar la eficiencia fiscal. Esto requiere mantener tasas impositivas actuales, manejar múltiples jurisdicciones e implementar reglas apropiadas de cálculo de impuestos.

El análisis de riesgos examina la exposición financiera y la volatilidad. Las consultas SQL pueden calcular métricas de riesgo, analizar concentraciones de exposición e identificar problemas potenciales. Esto a menudo implica cálculos estadísticos sofisticados y un manejo apropiado de factores de riesgo.

El soporte de auditoría requiere mantener registros detallados de transacciones. Las consultas SQL pueden rastrear cambios, verificar cálculos y respaldar requisitos de cumplimiento. Esto implica implementar registros de auditoría apropiados y mantener los rastros de documentación necesarios.

El análisis de consolidación combina datos financieros a través de entidades organizacionales. Las consultas SQL pueden implementar reglas de eliminación, manejar transacciones entre empresas y generar estados consolidados. Esto requiere atención cuidadosa a las estructuras de propiedad y un manejo apropiado de traducciones de divisas.

El análisis de cierre de período apoya los procesos de cierre financiero. Las consultas SQL pueden validar saldos, identificar problemas de conciliación y generar asientos de cierre. Esto implica implementar reglas apropiadas de corte y mantener la integridad del período.

Los informes financieros requieren una presentación flexible de resultados. Las consultas SQL pueden generar estados financieros estándar, crear informes personalizados y soportar varios marcos de informes. Esto implica implementar reglas apropiadas de formato y mantener jerarquías de informes.

El cumplimiento regulatorio a menudo impulsa requisitos específicos de análisis financiero. Las implementaciones SQL deben soportar varios estándares de informes, mantener rastros de auditoría apropiados e implementar controles requeridos. Esto requiere atención cuidadosa a los requisitos regulatorios y documentación apropiada.

La implementación exitosa de patrones de análisis financiero requiere equilibrar los requisitos analíticos con las restricciones prácticas del negocio. SQL proporciona capacidades robustas para el análisis financiero mientras permite controles apropiados y mantiene los estándares de cumplimiento necesarios.

Capítulo 51: Implementación de Análisis de Cohortes

El análisis de cohortes representa una de las técnicas más poderosas para comprender el comportamiento del usuario y el rendimiento del negocio a lo largo del tiempo. Al agrupar usuarios según características compartidas y analizar su comportamiento a través de diferentes períodos, los analistas pueden descubrir información valiosa sobre retención, participación y valor del ciclo de vida.

La base del análisis de cohortes en SQL comienza con la estructuración adecuada de los datos de usuario. Esto típicamente requiere una tabla de usuarios que contenga fechas de registro u otros eventos que definan la cohorte, combinada con una tabla de actividad que rastree los comportamientos del usuario a lo largo del tiempo. La relación entre estas tablas forma la base para los cálculos de cohortes.

Las cohortes basadas en tiempo son la implementación más común, agrupando usuarios según cuándo interactuaron por primera vez con un producto o servicio. La implementación en SQL requiere un manejo cuidadoso de las fechas, comenzando típicamente con el truncamiento de marcas de tiempo al período de cohorte deseado (generalmente meses). Esto crea la agrupación inicial de cohortes que sirve como base para el análisis posterior.

Un aspecto crítico del análisis de cohortes es el cálculo de las tasas de retención. Esto requiere comparar la actividad del usuario a través de diferentes períodos de tiempo en relación con su fecha de inicio de cohorte. Las funciones de ventana SQL juegan un papel crucial aquí, permitiendo a los analistas particionar datos por cohorte y calcular tasas de actividad para cada período subsiguiente. Las funciones LEAD y LAG son particularmente útiles para comparar el comportamiento entre períodos adyacentes.

La implementación del análisis de cohortes a menudo requiere un manejo cuidadoso de la aritmética de fechas. Los analistas deben calcular la diferencia de tiempo entre la fecha de inicio de la cohorte y cada fecha de actividad, generalmente expresando esto en unidades consistentes como meses o semanas. Esto se convierte en la base para posicionar actividades en el período correcto relativo al inicio de la cohorte.

Las cohortes basadas en valor ofrecen otra dimensión analítica, agrupando usuarios por características como el monto de compra inicial o nivel de participación. Estas implementaciones requieren una consideración cuidadosa de cómo definir rangos de valor significativos y manejar casos extremos. Las declaraciones CASE de SQL a menudo juegan un papel clave en la creación de estas agrupaciones.

Las cohortes conductuales agrupan usuarios basándose en acciones específicas o secuencias de acciones. Estas implementaciones requieren una lógica SQL más compleja para identificar y clasificar comportamientos de usuario, a menudo involucrando múltiples joins y subconsultas para establecer patrones de comportamiento. Las Expresiones de Tabla Común (CTEs) pueden ayudar a manejar esta complejidad dividiendo el análisis en pasos lógicos.

El análisis de retención representa una aplicación central del análisis de cohortes. Las consultas SQL pueden calcular tasas de retención a través de diferentes períodos de tiempo, mostrando cuántos usuarios de cada cohorte permanecen activos a lo largo del tiempo. Esto típicamente involucra crear una matriz de cohortes y períodos de tiempo, con tasas de retención calculadas para cada celda.

Los cálculos del valor del ciclo de vida del cliente se benefician significativamente del análisis de cohortes. Las implementaciones SQL pueden rastrear cómo se acumula el valor a lo largo del tiempo para diferentes cohortes, ayudando a identificar qué segmentos de usuarios generan el mayor valor a largo plazo. Esto a menudo requiere combinar datos de transacciones con definiciones de cohortes y calcular valores acumulativos a lo largo del tiempo.

El análisis de abandono representa otra aplicación importante. Al analizar cuándo los usuarios de diferentes cohortes se vuelven inactivos, los analistas pueden identificar patrones en la deserción de clientes. Las consultas SQL pueden calcular tasas de abandono por cohorte y período de tiempo, ayudando a identificar qué segmentos están en mayor riesgo.

El análisis de participación a través de cohortes ayuda a comprender cómo evoluciona el comportamiento del usuario a lo largo del tiempo. Las implementaciones SQL pueden rastrear varias métricas de participación a través de períodos de cohorte, revelando cómo maduran los patrones de uso. Esto a menudo involucra calcular múltiples métricas de participación y analizar sus tendencias a través de cohortes.

El análisis de adopción de productos se beneficia de los enfoques basados en cohortes. Las consultas SQL pueden rastrear cómo diferentes cohortes adoptan varias características o productos a lo largo del tiempo, revelando patrones en el viaje del usuario. Esto requiere unir datos de uso de productos con definiciones de cohortes y calcular tasas de adopción a través de períodos de tiempo.

La efectividad del marketing puede evaluarse a través del análisis de cohortes. Al comparar cohortes adquiridas a través de diferentes canales o campañas, los analistas pueden identificar qué métodos de adquisición conducen a mejores resultados a largo plazo. Esto involucra combinar datos de atribución de marketing con definiciones de cohortes y métricas de rendimiento.

Los patrones estacionales a menudo se vuelven aparentes a través del análisis de cohortes. Las implementaciones SQL pueden ayudar a identificar cómo los factores estacionales afectan a diferentes cohortes, permitiendo a las empresas prepararse mejor para cambios cíclicos. Esto requiere un manejo cuidadoso de períodos calendario e indicadores estacionales en el análisis.

La preparación de visualizaciones representa un aspecto importante del análisis de cohortes. Las consultas SQL a menudo deben remodelar datos en formatos adecuados para herramientas de visualización, típicamente involucrando operaciones de pivote o estructuración cuidadosa de conjuntos de resultados. Esto requiere equilibrar la completitud analítica con restricciones prácticas de visualización.

La implementación exitosa del análisis de cohortes requiere una atención cuidadosa a la calidad y consistencia de los datos. Las consultas SQL deben manejar datos faltantes, tener en cuenta la latencia de datos y mantener definiciones consistentes a través de períodos de análisis. Las validaciones regulares y los controles de calidad ayudan a asegurar resultados confiables.

Las consideraciones de rendimiento se vuelven particularmente importantes en el análisis de cohortes, ya que estas consultas a menudo procesan grandes cantidades de datos a través de múltiples períodos de tiempo. La indexación adecuada, estrategias eficientes de join y el uso apropiado de tablas temporales o vistas materializadas pueden ayudar a gestionar el rendimiento de las consultas.

Capítulo 52: Técnicas de Análisis de Embudo

El análisis de embudo representa una técnica crítica en el análisis de datos, permitiendo a las empresas comprender cómo los usuarios progresan a través de etapas secuenciales de participación o conversión. Este capítulo explora la implementación del análisis de embudo utilizando SQL, proporcionando a los analistas herramientas prácticas para medir y optimizar las rutas de conversión.

En su esencia, el análisis de embudo rastrea cuántos usuarios completan cada paso en una secuencia definida de acciones. Por ejemplo, en un contexto de comercio electrónico, un embudo típico podría incluir ver un producto, agregarlo al carrito, iniciar el pago y completar una compra. La implementación en SQL comienza con la identificación de estas etapas clave y los eventos que las representan en los datos.

La base del análisis de embudo reside en datos de eventos correctamente estructurados. Esto típicamente incluye una tabla que rastrea las acciones del usuario con marcas de tiempo, tipos de eventos e información contextual relevante. El diseño del esquema debe soportar consultas eficientes de eventos secuenciales mientras mantiene la capacidad de filtrar y segmentar los datos según sea necesario.

La implementación básica del análisis de embudo implica contar usuarios únicos en cada etapa y calcular la deserción entre pasos. Esto requiere un manejo cuidadoso de los recuentos de usuarios para garantizar la precisión, particularmente cuando los usuarios pueden realizar la misma acción varias veces. Las funciones de ventana a menudo resultan invaluables aquí, permitiendo a los analistas identificar las primeras ocurrencias de acciones y mantener recuentos precisos de usuarios.

Las tasas de conversión por paso forman una métrica crucial en el análisis de embudo. Estos cálculos comparan el número de usuarios que completan cada paso con aquellos que completaron el paso anterior. Las implementaciones en SQL típicamente involucran dividir el recuento de usuarios en cada etapa por el recuento de la etapa anterior, frecuentemente expresado como porcentaje. Estos cálculos ayudan a identificar dónde ocurren las mayores caídas en el proceso de conversión.

El análisis de embudo basado en tiempo añade otra dimensión al considerar qué tan rápido los usuarios se mueven entre etapas. Las consultas SQL pueden calcular la diferencia de tiempo entre pasos utilizando datos de marca de tiempo, ayudando a identificar dónde los usuarios podrían estar atascándose o experimentando retrasos. Esto a menudo involucra auto-joins o funciones de ventana para comparar marcas de tiempo de eventos secuenciales.

La segmentación juega un papel vital en el análisis de embudo, permitiendo a los analistas comparar patrones de conversión entre diferentes grupos de usuarios o períodos de tiempo. Las implementaciones en SQL deben soportar filtrado flexible y agrupación para permitir comparaciones significativas. Esto podría involucrar unir con tablas de atributos de usuario o implementar condiciones de filtrado dinámicas.

El análisis de rutas múltiples representa una implementación más compleja, considerando diferentes caminos posibles a través del embudo. Los usuarios pueden saltar pasos o completarlos en diferentes órdenes, requiriendo lógica SQL que pueda rastrear estas variaciones. Esto a menudo involucra análisis de secuencia de eventos más sofisticados, potencialmente usando CTEs recursivas o funciones de coincidencia de patrones donde estén disponibles.

El análisis de embudo basado en cohortes combina métricas de embudo con técnicas de análisis de cohortes, revelando cómo los patrones de conversión cambian entre diferentes grupos de usuarios o períodos de tiempo. Esta implementación requiere una cuidadosa unión de definiciones de cohortes con eventos de embudo y agregación apropiada para mantener la precisión.

El análisis de atribución dentro de embudos ayuda a comprender qué canales o campañas impulsan mejores tasas de conversión a través de todo el proceso. Las implementaciones SQL deben unir datos de atribución de marketing con eventos de embudo y calcular tasas de conversión por fuente, ayudando a optimizar el gasto en marketing y las estrategias de adquisición de usuarios.

La optimización de embudo a menudo requiere análisis detallado del comportamiento del usuario entre pasos. Las consultas SQL pueden identificar acciones comunes o rutas tomadas por usuarios que completan exitosamente el embudo versus aquellos que abandonan. Esto podría involucrar analizar eventos intermedios o características de usuario que se correlacionan con una conversión exitosa.

El análisis A/B testing se beneficia de las técnicas de análisis de embudo, permitiendo comparar cómo diferentes variaciones afectan las tasas de conversión en cada paso. Las implementaciones SQL deben manejar la asignación de grupos experimentales y calcular la significancia estadística de las diferencias observadas en las tasas de conversión.

El análisis de rendimiento de embudos a lo largo del tiempo ayuda a identificar tendencias y problemas potenciales. Las consultas SQL pueden calcular promedios móviles de tasas de conversión y comparar el rendimiento actual con referencias históricas. Esto requiere un manejo cuidadoso de períodos de tiempo y métodos de agregación apropiados.

El análisis de embudo geográfico y basado en dispositivos ayuda a identificar cómo los patrones de conversión varían en diferentes contextos. Las implementaciones SQL deben unir con tablas de dimensión relevantes y calcular tasas de conversión segmentadas mientras mantienen validez estadística.

El análisis de carritos abandonados representa una aplicación específica del análisis de embudo en comercio electrónico. Las consultas SQL pueden identificar dónde los usuarios abandonan en el proceso de compra y calcular el impacto potencial en ingresos. Esto a menudo involucra unir con datos de productos y precios para cuantificar el valor de transacciones abandonadas.

Los embudos de eventos personalizados permiten a las empresas analizar secuencias específicas de interés. Las implementaciones SQL deben soportar definición flexible de pasos de embudo mientras mantienen conteos precisos de usuarios y cálculos de conversión. Esto podría involucrar SQL dinámico o parámetros configurables para ajustar definiciones de embudo.

La implementación técnica del análisis de embudo requiere atención cuidadosa a la calidad y consistencia de datos. Las consultas SQL deben manejar casos extremos, considerar retrasos o brechas en datos, y mantener conteos precisos de usuarios a través de los pasos. La validación y monitoreo regulares ayudan a asegurar resultados confiables.

La preparación de visualización representa un aspecto importante del análisis de embudo. Las consultas SQL a menudo deben remodelar datos en formatos adecuados para herramientas de visualización, típicamente involucrando una cuidadosa estructuración de conjuntos de resultados para soportar tanto análisis detallados como resúmenes de alto nivel. Esto requiere equilibrar la completitud analítica con necesidades prácticas de visualización.

La implementación exitosa del análisis de embudo proporciona a las empresas información valiosa sobre el comportamiento del usuario y patrones de conversión. Al implementar cuidadosamente estas técnicas SQL, los analistas pueden ayudar a optimizar rutas de conversión y mejorar resultados comerciales.

Capítulo 53: Pruebas A/B con SQL

Las pruebas A/B representan una herramienta crítica en la toma de decisiones basada en datos, permitiendo a las organizaciones tomar decisiones fundamentadas a través de experimentos controlados. Este capítulo explora cómo SQL puede aprovecharse para analizar efectivamente los resultados de pruebas A/B y obtener conclusiones estadísticamente sólidas.

La base del análisis de pruebas A/B en SQL comienza con datos de experimentos correctamente estructurados. Esto típicamente incluye una tabla que rastrea las asignaciones de usuarios a grupos de prueba, sus interacciones y eventos de conversión relevantes. El esquema debe soportar tanto la validación de aleatorización como el análisis real de resultados mientras mantiene la integridad de los datos durante el período del experimento.

La validez estadística comienza con la verificación del proceso de aleatorización. Las consultas SQL pueden verificar que los grupos de prueba estén balanceados a través de características clave de usuarios y que el proceso de asignación no haya introducido ningún sesgo sistemático. Esto implica comparar distribuciones de métricas importantes entre grupos de control y tratamiento antes de analizar los resultados reales de la prueba.

La conversión de datos de eventos sin procesar en métricas de prueba significativas requiere una agregación cuidadosa y cálculos estadísticos. Las implementaciones SQL deben considerar varios tipos de métricas, desde tasas de conversión simples hasta medidas de comportamiento más complejas. Esto frecuentemente implica crear tablas de resumen intermedias o CTEs para estructurar el análisis efectivamente.

Los cálculos de tamaño de muestra y análisis de potencia pueden implementarse a través de SQL analizando la varianza en métricas clave y calculando efectos mínimos detectables. Esto ayuda a asegurar que los experimentos se ejecuten por duraciones apropiadas y mantengan validez estadística. Las consultas pueden rastrear la acumulación del tamaño de muestra a lo largo del tiempo y señalar cuando se han recolectado datos suficientes.

El análisis central de resultados de pruebas A/B implica calcular métricas clave para cada grupo de prueba y determinar la significancia estadística. Las implementaciones SQL típicamente involucran agregar datos de comportamiento de usuarios, calcular diferencias medias entre grupos e implementar pruebas estadísticas mediante funciones matemáticas. Esto puede incluir pruebas t, pruebas chi-cuadrado u otros métodos estadísticos apropiados según el tipo de métrica.

El análisis de segmentación en pruebas A/B revela cómo diferentes grupos de usuarios responden a los tratamientos. Las consultas SQL pueden desglosar los resultados de pruebas por características de usuarios, patrones de comportamiento u otras dimensiones relevantes mientras mantienen el rigor estadístico. Esto ayuda a identificar qué segmentos se benefician más de las nuevas características o cambios.

El análisis basado en tiempo resulta crucial en las pruebas A/B para identificar efectos de novedad o patrones temporales. Las implementaciones SQL pueden calcular métricas móviles sobre diferentes ventanas de tiempo y comparar cómo evolucionan los efectos del tratamiento durante el período del experimento. Esto puede involucrar funciones de ventana para crear agregaciones basadas en tiempo mientras se mantiene la estructura del grupo experimental.

El análisis de múltiples métricas requiere una consideración cuidadosa de la correlación y tasas de error por familia. Las implementaciones SQL deben soportar el análisis simultáneo de varias métricas mientras consideran problemas de comparaciones múltiples. Esto puede involucrar implementar métodos de corrección como Bonferroni o controlar la tasa de falsos descubrimientos.

Los efectos de interacción entre diferentes experimentos ejecutándose simultáneamente requieren un manejo especial en SQL.

Las consultas deben considerar usuarios que podrían ser parte de múltiples experimentos y calcular los efectos combinados con precisión. Esto frecuentemente involucra lógica de unión más compleja y consideración cuidadosa del diseño experimental.

El análisis de pruebas A/B frecuentemente requiere calcular intervalos de confianza y tamaños de efecto. Las implementaciones SQL pueden incorporar los cálculos estadísticos necesarios, aunque algunas funciones estadísticas complejas podrían requerir implementaciones personalizadas o integración con bibliotecas estadísticas. Esto ayuda a proporcionar contexto para la significancia práctica de las diferencias observadas.

Analizar patrones de comportamiento de usuarios dentro de grupos de prueba ayuda a entender por qué los tratamientos tienen éxito o fallan. Las consultas SQL pueden examinar secuencias detalladas de eventos, patrones de tiempo y flujos de usuarios para identificar cambios específicos en el comportamiento causados por los tratamientos. Esto frecuentemente involucra técnicas más complejas de análisis de eventos combinadas con asignaciones de grupos experimentales.

Los factores geográficos y temporales frecuentemente influyen en los resultados de las pruebas. Las implementaciones SQL deben considerar estas variaciones mientras mantienen la validez experimental. Esto puede involucrar análisis estratificado o control de factores externos que podrían impactar los resultados.

El análisis de impacto en ingresos requiere unir datos experimentales con registros de transacciones y calcular métricas de negocio. Las consultas SQL pueden estimar el valor potencial de implementar cambios basándose en diferencias observadas entre grupos de prueba. Esto frecuentemente involucra un manejo cuidadoso de valores atípicos y métodos estadísticos apropiados para métricas monetarias.

Los enfoques de pruebas secuenciales, donde las decisiones pueden tomarse antes de que los experimentos se completen, requieren un manejo especial en SQL. Las implementaciones deben rastrear métricas acumulativas y aplicar correcciones estadísticas apropiadas para pruebas de significancia repetidas. Esto ayuda a balancear la velocidad de toma de decisiones con la validez estadística.

El análisis de grupos de retención ayuda a validar resultados de pruebas comparando contra usuarios no incluidos en el experimento principal. Las implementaciones SQL deben mantener una separación limpia entre grupos experimentales y de retención mientras permiten comparaciones significativas. Esto proporciona confianza adicional en los resultados antes de lanzar cambios ampliamente.

La implementación técnica del análisis de pruebas A/B requiere un manejo robusto de errores y validación de datos. Las consultas SQL deben considerar datos faltantes, asegurar una asignación consistente de usuarios y manejar casos extremos apropiadamente. Las consultas de monitoreo regulares ayudan a identificar cualquier problema con la recolección de datos o la configuración experimental.

La documentación y reproducibilidad resultan esenciales en el análisis de pruebas A/B. Las implementaciones SQL deben incluir documentación clara de definiciones de métricas, métodos estadísticos y cualquier suposición realizada. Esto ayuda a asegurar consistencia a través de los análisis y permite una revisión adecuada de los resultados.

La implementación exitosa del análisis de pruebas A/B a través de SQL proporciona a las organizaciones evidencia confiable para la toma de decisiones. Al implementar cuidadosamente estas técnicas, los analistas pueden ayudar a guiar el desarrollo de productos y la estrategia de negocio con confianza en la validez estadística de sus conclusiones.

Capítulo 54: Estrategias de Integración con Tableau

La integración de SQL con Tableau representa una combinación poderosa que permite a los analistas aprovechar las sólidas capacidades de procesamiento de datos de SQL junto con las fortalezas de visualización de Tableau. Este capítulo explora estrategias para combinar efectivamente estas herramientas para crear soluciones de análisis de datos impactantes.

• • • •

LA BASE DE UNA INTEGRACIÓN exitosa de SQL y Tableau radica en comprender cómo Tableau interactúa con las bases de datos. Tableau puede conectarse directamente a la mayoría de las bases de datos SQL, permitiendo conexiones en vivo o enfoques basados en extractos. Las conexiones en vivo mantienen el acceso a datos en tiempo real pero pueden afectar el rendimiento, mientras que los extractos ofrecen un análisis más rápido pero requieren actualizaciones regulares para mantener la frescura de los datos.

• • • •

LA OPTIMIZACIÓN DE consultas se vuelve particularmente importante cuando se trabaja con Tableau, ya que un SQL ineficiente puede impactar significativamente el rendimiento del dashboard. El SQL personalizado en Tableau debe construirse cuidadosamente para minimizar la transferencia de datos y la sobrecarga de procesamiento. Esto a menudo implica pre-agregar datos cuando sea posible y limitar las columnas y filas devueltas a solo lo necesario para la visualización.

• • • •

AL DISEÑAR ESTRUCTURAS de base de datos para la integración con Tableau, los analistas deben considerar cómo la herramienta de visualización consumirá los datos. Crear vistas bien estructuradas o vistas materializadas puede simplificar la interacción de Tableau con modelos de datos complejos. Estos objetos de base de datos pueden encapsular lógica de negocio compleja mientras presentan una interfaz limpia para que Tableau consulte.

• • • •

LAS FUNCIONES SQL PERSONALIZADAS pueden mejorar las capacidades analíticas de Tableau. Al implementar funciones definidas por el usuario en la base de datos, los analistas pueden extender las capacidades de cálculo nativas de Tableau con operaciones sofisticadas basadas en SQL. Este enfoque mantiene la consistencia de cálculo en toda la organización mientras aprovecha el poder de procesamiento de la base de datos.

• • • •

LA SEGURIDAD DE DATOS representa una consideración crucial al integrar SQL y Tableau. La seguridad a nivel de fila puede implementarse ya sea a través de las características nativas de Tableau o mediante vistas y funciones SQL. La seguridad a nivel de base de datos asegura un control de acceso consistente independientemente de cómo los usuarios se conecten a los datos.

• • • •

LAS ESTRATEGIAS DE optimización de rendimiento específicas para la integración de SQL y Tableau incluyen el uso consciente de índices, vistas materializadas y particionamiento de tablas. Entender cómo Tableau genera consultas ayuda a los analistas a estructurar sus objetos de base de datos para soportar una ejecución eficiente de consultas. Esto puede implicar crear índices específicos para soportar operaciones comunes de filtrado o implementar esquemas de particionamiento que se alineen con patrones típicos de análisis.

• • • •

LAS ESTRATEGIAS DE actualización de extractos requieren una planificación cuidadosa cuando se trabaja con grandes conjuntos de datos. Las actualizaciones incrementales pueden reducir significativamente el tiempo de procesamiento y el uso de recursos, pero requieren una implementación adecuada de SQL para rastrear cambios efectivamente. Esto a menudo implica mantener columnas de auditoría o mecanismos de seguimiento de cambios en la base de datos fuente.

• • • •

LOS PARÁMETROS EN TABLEAU pueden combinarse efectivamente con SQL para crear capacidades de análisis dinámico. Al diseñar vistas SQL o procedimientos almacenados que acepten parámetros, los analistas pueden crear visualizaciones flexibles que se adapten a la entrada del usuario mientras mantienen el rendimiento. Este enfoque a menudo implica cláusulas WHERE y declaraciones CASE cuidadosamente estructuradas que responden a valores de parámetros.

• • • •

LOS CAMPOS CALCULADOS representan otra área donde la integración de SQL y Tableau requiere pensamiento estratégico. Si bien muchos cálculos pueden realizarse en cualquiera de las herramientas, elegir la ubicación apropiada para el cómputo puede impactar significativamente el rendimiento y la mantenibilidad. Los cálculos complejos a menudo se benefician de ser implementados en SQL, donde pueden ser optimizados y reutilizados en diferentes visualizaciones.

• • • •

EL ANÁLISIS DE SERIES temporales a menudo requiere un manejo especial cuando se integra SQL con Tableau. Crear tablas de dimensión de fecha o implementar funciones específicas de fecha SQL puede mejorar las capacidades de análisis temporal de Tableau. Esto puede implicar generar rangos de fechas, períodos fiscales o cálculos de calendario personalizados a nivel de base de datos.

• • • •

EL ANÁLISIS DE DATOS geográficos se beneficia de una implementación SQL adecuada cuando se trabaja con Tableau. Los tipos de datos espaciales y las funciones pueden aprovecharse para preparar datos geográficos efectivamente para la visualización. Esto a menudo implica optimizar cálculos espaciales y agregaciones a nivel de base de datos antes de que los datos lleguen a Tableau.

• • • •

EL MANEJO DE GRANDES conjuntos de datos requiere atención particular en la integración de SQL y Tableau. Las estrategias pueden incluir implementar técnicas de muestreo de datos, crear tablas de resumen o usar características de optimización específicas de la base de datos. El objetivo es mantener el rendimiento interactivo mientras se trabaja con volúmenes sustanciales de datos.

• • • •

EL CONTROL DE VERSIONES y los flujos de trabajo de desarrollo necesitan una consideración cuidadosa cuando se trabaja con SQL y Tableau juntos. Esto incluye gestionar objetos de base de datos, SQL personalizado y libros de trabajo de Tableau de manera coordinada. La documentación se vuelve particularmente importante cuando SQL complejo subyace a las visualizaciones de Tableau.

• • • •

LOS PROCEDIMIENTOS de prueba y validación deben abarcar tanto los componentes SQL como Tableau. Esto incluye verificar resultados de consultas, comprobar la precisión de cálculos y asegurar que el rendimiento cumpla con los requisitos. Las pruebas automatizadas pueden ayudar a mantener la calidad a medida que los análisis evolucionan.

• • • •

LA GESTIÓN DE METADATOS juega un papel crucial en la integración exitosa de SQL y Tableau. Esto incluye mantener documentación clara de las fuentes de datos, transformaciones y reglas de negocio implementadas en SQL. Las características de metadatos de Tableau pueden aprovecharse para proporcionar a los usuarios una comprensión clara de los datos que están analizando.

• • • •

LA INTEGRACIÓN DE SQL y Tableau continúa evolucionando con nuevas características y capacidades en ambas herramientas. Mantenerse al día con las mejores prácticas y nueva funcionalidad ayuda a los analistas a crear soluciones más efectivas. Esto puede implicar evaluación regular de nuevas características y adaptación de estrategias de integración para aprovechar capacidades mejoradas.

• • • •

AL IMPLEMENTAR CUIDADOSAMENTE estas estrategias de integración, los analistas pueden crear soluciones analíticas poderosas que combinen las capacidades de procesamiento de datos de SQL con las fortalezas de visualización de Tableau. Esto permite una toma de decisiones más efectiva basada en datos mientras se mantiene el rendimiento y la escalabilidad.

Capítulo 55: Integración de Power BI y SQL

La integración de Power BI con SQL representa una habilidad crucial para los analistas de datos modernos que necesitan combinar un procesamiento de datos robusto con potentes capacidades de visualización. Si bien Power BI ofrece conectividad nativa a diversas fuentes de datos, su integración con bases de datos SQL proporciona ventajas particulares para manejar grandes conjuntos de datos y requisitos analíticos complejos.

La base de una integración efectiva entre Power BI y SQL comienza con la comprensión de los diferentes modos de conexión disponibles. DirectQuery permite que Power BI genere consultas SQL nativas que se ejecutan directamente contra la base de datos de origen, proporcionando acceso a datos en tiempo real pero potencialmente afectando el rendimiento. El modo de importación, alternativamente, carga datos en el motor de almacenamiento columnar altamente comprimido de Power BI, ofreciendo un análisis más rápido pero requiriendo actualizaciones regulares para mantener la vigencia de los datos.

Al implementar conexiones DirectQuery, la optimización de consultas se vuelve crítica. Cada interacción visual en Power BI genera consultas SQL a la base de datos de origen, haciendo que el diseño eficiente de consultas sea esencial para mantener paneles receptivos. Esto a menudo implica crear índices apropiados, optimizar operaciones de unión y estructurar cuidadosamente las cláusulas WHERE para admitir patrones de filtrado comunes.

La capacidad de plegado de consultas de Power BI representa una oportunidad significativa de optimización cuando se trabaja con bases de datos SQL. El plegado de consultas permite que las transformaciones definidas en Power Query se conviertan en declaraciones SQL nativas, devolviendo el procesamiento al servidor de base de datos. Comprender cómo estructurar las transformaciones para habilitar el plegado de consultas puede mejorar dramáticamente el rendimiento, particularmente con grandes conjuntos de datos.

Las consideraciones de modelado de datos adquieren especial importancia al integrar SQL con Power BI. Si bien Power BI puede manejar relaciones y cálculos complejos, implementar cierta lógica a nivel de base de datos a través de vistas o procedimientos almacenados a menudo proporciona mejor rendimiento y mantenibilidad. Esto puede implicar crear vistas desnormalizadas para requisitos analíticos específicos o implementar reglas de negocio complejas a través de funciones SQL.

La implementación de seguridad requiere una coordinación cuidadosa entre SQL y Power BI. La Seguridad a Nivel de Fila puede implementarse a través de las características nativas de Power BI o mediante vistas y funciones SQL. La seguridad a nivel de base de datos asegura un control de acceso consistente independientemente de cómo los usuarios se conecten a los datos, mientras que las características de seguridad de Power BI proporcionan flexibilidad adicional para escenarios de visualización específicos.

Las estrategias de optimización de rendimiento específicas para la integración de SQL con Power BI incluyen el uso inteligente de modelos compuestos, agregaciones y políticas de actualización incremental. Comprender cómo Power BI genera y ejecuta consultas ayuda a los analistas a estructurar sus objetos de base de datos para admitir una recuperación eficiente de datos. Esto puede implicar crear tablas de agregación específicas o implementar esquemas de particionamiento que se alineen con los patrones típicos de análisis.

Los parámetros en Power BI se pueden combinar efectivamente con SQL para crear capacidades de análisis dinámico. Al diseñar vistas SQL o procedimientos almacenados que acepten parámetros, los analistas pueden crear visualizaciones flexibles que se adapten a la entrada del usuario mientras mantienen el rendimiento. Esto a menudo implica cláusulas WHERE y declaraciones CASE cuidadosamente estructuradas que responden a valores de parámetros pasados desde Power BI.

El manejo de fechas requiere atención especial al integrar SQL con Power BI. Si bien Power BI incluye capacidades robustas de inteligencia de fechas, implementar cierta lógica de fechas a nivel de base de datos puede mejorar el rendimiento y la consistencia. Esto puede implicar crear tablas de dimensión de fecha o implementar funciones SQL específicas de fecha para admitir requisitos de análisis temporal.

El lenguaje de fórmulas DAX en Power BI complementa las capacidades de SQL, pero decidir dónde implementar cálculos específicos requiere una consideración cuidadosa. Los cálculos complejos que operan en grandes conjuntos de datos a menudo se benefician de la implementación en SQL, donde pueden ser optimizados y potencialmente almacenados en caché. Los cálculos más simples o aquellos que requieren contexto de fila pueden ser más adecuados para la implementación en DAX.

El manejo de errores se vuelve particularmente importante al integrar SQL con Power BI. Implementar un manejo robusto de errores en procedimientos SQL y asegurar un manejo adecuado de valores nulos tanto en SQL como en Power BI ayuda a crear soluciones confiables. Esto incluye validar entradas de parámetros, manejar casos extremos y proporcionar mensajes de error significativos cuando ocurren problemas.

El control de versiones y los flujos de trabajo de desarrollo necesitan una consideración cuidadosa cuando se trabaja con SQL y Power BI juntos. Esto incluye gestionar objetos de base de datos, SQL personalizado y archivos de Power BI de manera coordinada. La documentación se vuelve particularmente importante cuando SQL complejo subyace a los informes de Power BI.

La integración de Power BI con SQL Server Analysis Services (SSAS) proporciona capacidades adicionales para manejar grandes conjuntos de datos y cálculos complejos. Comprender cómo aprovechar SSAS junto con conexiones SQL directas ayuda a los analistas a elegir la arquitectura más apropiada para sus requisitos específicos.

Las herramientas de monitoreo y optimización juegan roles cruciales en el mantenimiento del rendimiento de soluciones integradas de SQL y Power BI. Esto incluye usar SQL Server Profiler para analizar patrones de consultas, monitorear el uso de recursos y aprovechar el analizador de rendimiento de Power BI para identificar cuellos de botella y oportunidades de optimización.

A medida que tanto SQL como Power BI continúan evolucionando, mantenerse al día con las mejores prácticas y nuevas características ayuda a los analistas a crear soluciones más efectivas. Esto incluye la evaluación regular de nuevas capacidades y la adaptación de estrategias de integración para aprovechar la funcionalidad mejorada en ambas plataformas.

A través de la implementación cuidadosa de estas estrategias de integración, los analistas pueden crear potentes soluciones analíticas que combinen las capacidades de procesamiento de datos de SQL con las fortalezas de visualización y modelado de Power BI. Esto permite una toma de decisiones más efectiva basada en datos mientras se mantiene el rendimiento, la seguridad y la escalabilidad.

Capítulo 56: Conexión entre Excel y SQL

Excel sigue siendo una de las herramientas más utilizadas para el análisis de datos, y su integración con SQL representa una habilidad crítica para los analistas modernos. Si bien Excel ofrece sus propias capacidades de manipulación de datos, conectarlo directamente a bases de datos SQL permite a los analistas trabajar con conjuntos de datos más grandes y aprovechar la potencia de procesamiento de los servidores de bases de datos mientras mantienen la interfaz familiar de Excel para el análisis y presentación final.

La base de la integración de Excel con SQL radica en comprender los diversos métodos de conexión disponibles. El enfoque tradicional utiliza las funciones de conexión de datos incorporadas de Microsoft, permitiendo a los analistas importar datos SQL directamente en hojas de Excel. Las opciones más avanzadas incluyen el uso de Power Query, que proporciona capacidades mejoradas de transformación de datos mientras mantiene un enlace directo con la base de datos de origen.

Al establecer conexiones SQL desde Excel, los analistas primero deben configurar los controladores y cadenas de conexión apropiados. Esto generalmente implica instalar controladores específicos de la base de datos y asegurar la conectividad de red adecuada con el servidor de base de datos. Las cadenas de conexión contienen los parámetros necesarios para establecer la conexión con la base de datos, incluyendo la dirección del servidor, detalles de autenticación y selección inicial de la base de datos.

Power Query representa un avance significativo en las capacidades de integración SQL de Excel. A través del editor de Power Query, los analistas pueden escribir y modificar consultas SQL, aplicar transformaciones y crear plantillas de conexión reutilizables. Esta interfaz proporciona un enfoque más amigable para trabajar con SQL mientras mantiene la capacidad de editar directamente las consultas subyacentes cuando sea necesario.

Las estrategias de actualización de datos se vuelven particularmente importantes al conectar Excel con bases de datos SQL. Los analistas deben equilibrar la necesidad de datos actualizados con consideraciones de rendimiento y carga del servidor. Excel ofrece varias opciones de actualización, desde actualizaciones manuales hasta actualizaciones programadas, aunque estas últimas requieren configuración adicional a través de Power Query o automatización VBA.

La implementación de seguridad requiere una consideración cuidadosa al conectar Excel con bases de datos SQL. Las mejores prácticas incluyen el uso de consultas parametrizadas para prevenir la inyección SQL, implementar métodos de autenticación apropiados y asegurar que las credenciales de la base de datos se almacenen de manera segura. La autenticación de Windows a menudo proporciona el enfoque más seguro, aunque la autenticación SQL puede ser necesaria en ciertos escenarios.

La optimización de consultas adquiere especial importancia al trabajar con conexiones SQL en Excel. Si bien Excel puede manejar cantidades significativas de datos, las consultas ineficientes pueden llevar a un rendimiento deficiente o problemas de tiempo de espera. Esto a menudo implica estructurar cuidadosamente las cláusulas WHERE, optimizar operaciones JOIN y potencialmente crear vistas específicas o procedimientos almacenados para el consumo de Excel.

El manejo de errores representa un aspecto crucial de la integración de Excel con SQL. Las soluciones robustas deben tener en cuenta fallos de conexión, problemas de tiempo de espera y requisitos de validación de datos. Esto puede implicar implementar manejo de errores en código VBA, crear opciones de respaldo para conexiones fallidas y proporcionar retroalimentación clara a los usuarios cuando ocurren problemas.

La elección entre importar datos y mantener conexiones en vivo requiere una consideración cuidadosa. Si bien los datos importados proporcionan capacidades de análisis más rápidas, aumentan el tamaño del archivo y requieren actualizaciones regulares para mantener la vigencia. Las conexiones en vivo aseguran la precisión de los datos pero pueden afectar el rendimiento y requieren conectividad de red constante.

La función Power Pivot de Excel proporciona capacidades adicionales al trabajar con datos SQL, permitiendo la creación de modelos de datos que pueden manejar múltiples tablas relacionadas. Esto permite a los analistas implementar soluciones analíticas más complejas mientras mantienen la interfaz familiar de Excel. Entender cómo estructurar consultas SQL para soportar modelos Power Pivot se vuelve particularmente importante.

Las consultas parametrizadas representan una característica poderosa al conectar Excel con bases de datos SQL. Al crear consultas SQL que aceptan parámetros, los analistas pueden construir soluciones flexibles que se adaptan a la entrada del usuario. Esto puede implicar crear listas desplegables en Excel que modifican cláusulas WHERE de SQL o implementar un manejo de parámetros más complejo a través de código VBA.

Las estrategias de optimización de rendimiento específicas para la integración de Excel con SQL incluyen el uso inteligente de filtrado, selección apropiada de columnas e implementación de mecanismos eficientes de actualización. Comprender cómo Excel maneja diferentes tipos de datos e implementa varias características ayuda a los analistas a estructurar apropiadamente sus objetos y consultas de base de datos.

El control de versiones se vuelve particularmente importante al trabajar con archivos Excel que se conectan a bases de datos SQL. Esto incluye gestionar definiciones de consultas, cadenas de conexión y cualquier código VBA de soporte. La documentación debe indicar claramente las dependencias de la base de datos e incluir información sobre permisos requeridos y configuraciones.

La integración de Excel con SQL Server Analysis Services (SSAS) proporciona capacidades adicionales para manejar grandes conjuntos de datos y cálculos complejos. Comprender cómo aprovechar SSAS junto con conexiones SQL directas ayuda a los analistas a elegir la arquitectura más apropiada para sus requisitos específicos.

Las herramientas de monitoreo y solución de problemas juegan roles cruciales en mantener el rendimiento de las soluciones integradas de Excel y SQL. Esto incluye usar SQL Server Profiler para analizar patrones de consultas, monitorear el uso de recursos y aprovechar las herramientas de diagnóstico incorporadas de Excel para identificar cuellos de botella en el rendimiento.

A través de la implementación cuidadosa de estas estrategias de integración, los analistas pueden crear soluciones analíticas poderosas que combinan las capacidades de procesamiento de datos de SQL con la interfaz familiar y las características de cálculo de Excel. Esto permite una toma de decisiones más efectiva basada en datos mientras se mantiene el rendimiento, la seguridad y la escalabilidad.

Capítulo 57: Construcción de Informes Automatizados

En las organizaciones actuales basadas en datos, la generación automática de informes juega un papel crucial en el mantenimiento de operaciones eficientes y la toma de decisiones oportuna. La construcción de informes automatizados utilizando SQL requiere una planificación cuidadosa, una arquitectura robusta y la consideración de varios requisitos técnicos y empresariales.

La base de la generación automática de informes radica en crear consultas SQL fiables y mantenibles que puedan manejar condiciones cambiantes de datos. Estas consultas deben estar estructuradas para adaptarse a variaciones en el volumen de datos, manejar posibles valores nulos y mantener un rendimiento consistente a lo largo del tiempo. La implementación de parametrización permite que los informes permanezcan flexibles mientras se reduce la necesidad de modificaciones frecuentes del código.

La automatización de informes típicamente involucra varios componentes clave trabajando juntos. Las consultas SQL base proporcionan la lógica de extracción y transformación de datos. Los sistemas de programación manejan la temporización de la ejecución. El formato de salida asegura que los resultados se presenten apropiadamente para la audiencia prevista. Los mecanismos de manejo de errores y registro mantienen la fiabilidad y proporcionan pistas de auditoría.

Uno de los aspectos más importantes de la generación automática de informes es establecer un mecanismo de programación fiable. Esto puede involucrar el uso de herramientas nativas de programación de bases de datos como SQL Server Agent, plataformas externas de programación o soluciones personalizadas construidas usando lenguajes de scripting. La elección de la herramienta de programación a menudo depende de factores como la infraestructura existente, requisitos de seguridad y la necesidad de capacidades de monitoreo.

La validación de datos se vuelve particularmente crítica en los informes automatizados. Sin supervisión manual durante la ejecución, los informes deben incluir verificaciones incorporadas para verificar la calidad y completitud de los datos. Esto a menudo involucra implementar totales de control, verificaciones de rango y consultas de conciliación que pueden señalar posibles problemas antes de que los informes sean distribuidos a los usuarios finales.

La selección del formato de salida impacta significativamente en la utilidad de los informes automatizados. Si bien los archivos de texto simple o CSV pueden ser suficientes para algunos propósitos, muchas organizaciones requieren formatos más sofisticados como libros de Excel, documentos PDF o correos electrónicos HTML. SQL Server Reporting Services (SSRS) proporciona capacidades robustas para generar varios formatos de salida, aunque pueden ser necesarias soluciones personalizadas usando lenguajes de scripting para requisitos específicos.

La optimización del rendimiento adquiere especial importancia en la generación automática de informes. Los informes deben completarse dentro de sus ventanas de tiempo designadas mientras gestionan eficazmente el uso de recursos del servidor. Esto a menudo involucra implementar estrategias de procesamiento incremental, optimizar planes de ejecución de consultas y gestionar cuidadosamente el uso de índices.

El manejo de errores en informes automatizados debe ser integral y proactivo. Esto incluye manejar problemas de conectividad de base de datos, gestionar escenarios de tiempo de espera y proporcionar notificación apropiada cuando ocurren problemas. Los marcos de registro deben capturar suficiente detalle para apoyar la resolución de problemas mientras evitan requisitos excesivos de almacenamiento.

La implementación de seguridad requiere una consideración cuidadosa en los sistemas de informes automatizados. Esto incluye gestionar credenciales de base de datos, controlar el acceso a archivos de salida y asegurar que los datos sensibles estén apropiadamente protegidos durante todo el proceso de generación de informes. La encriptación puede ser necesaria tanto para datos en tránsito como en reposo.

El control de versiones se vuelve esencial al gestionar informes automatizados. Los cambios en las consultas subyacentes, configuraciones de programación y formato de salida deben ser rastreados y documentados. Esto apoya los esfuerzos de resolución de problemas y ayuda a mantener la consistencia en los sistemas de informes.

La gestión de metadatos juega un papel crucial en los sistemas de informes automatizados. Esto incluye mantener información sobre la programación de informes, dependencias y reglas de negocio. Los metadatos bien estructurados apoyan los esfuerzos de mantenimiento y ayudan a asegurar que los sistemas de informes permanezcan alineados con los requisitos empresariales.

Los informes automatizados a menudo necesitan manejar lógica de negocio y cálculos complejos. Esto puede involucrar implementar agregaciones sofisticadas, cálculos basados en tiempo o métricas comerciales personalizadas. Se debe dar una consideración cuidadosa a dónde deben realizarse tales cálculos - dentro de las consultas SQL mismas o en pasos de procesamiento posteriores.

Las estrategias de prueba para informes automatizados deben tener en cuenta varios escenarios incluyendo variaciones de datos, condiciones de tiempo y situaciones de error. Las pruebas exhaustivas ayudan a asegurar que los informes permanezcan fiables a medida que los datos subyacentes cambian y los requisitos empresariales evolucionan.

La documentación se vuelve particularmente importante para los sistemas de informes automatizados. Esto debe incluir detalles técnicos sobre la estructura de consultas y configuración de programación, así como contexto empresarial explicando el propósito del informe y pautas de interpretación.

Los marcos de monitoreo ayudan a asegurar que los informes automatizados continúen funcionando según lo previsto. Esto puede involucrar rastrear tiempos de ejecución, monitorear la generación de archivos de salida e implementar mecanismos de alerta para varias condiciones de error. La revisión regular de datos de monitoreo ayuda a identificar posibles problemas antes de que impacten las operaciones comerciales.

Las consideraciones de escalabilidad deben tener en cuenta tanto el crecimiento del volumen de datos como los posibles aumentos en los requisitos de distribución de informes. Esto puede involucrar implementar estrategias de particionamiento, optimizar patrones de consulta o ajustar patrones de programación para distribuir mejor la carga del servidor.

La integración con otros sistemas a menudo se vuelve necesaria en entornos de informes automatizados. Esto puede involucrar extraer datos de múltiples fuentes, enviar resultados a varios destinos o coordinar con otros procesos automatizados. Los patrones de integración bien diseñados ayudan a mantener la fiabilidad mientras apoyan la flexibilidad futura.

A través de una atención cuidadosa a estos diversos aspectos, las organizaciones pueden construir sistemas robustos de informes automatizados que entreguen resultados fiables mientras mantienen requisitos de mantenimiento manejables. El éxito a menudo depende de encontrar el equilibrio correcto entre complejidad y mantenibilidad mientras se asegura que los informes continúen satisfaciendo las necesidades empresariales en evolución.

Capítulo 58: Control de Versiones para SQL

El control de versiones para código SQL se ha vuelto cada vez más importante a medida que las organizaciones amplían sus capacidades y equipos de análisis de datos. Si bien tradicionalmente se asocia con el desarrollo de aplicaciones, el control de versiones aporta un valor enorme a la gestión de código SQL analítico, ayudando a los equipos a colaborar eficazmente mientras mantienen la calidad y fiabilidad del código.

En su esencia, el control de versiones para SQL proporciona una forma sistemática de rastrear cambios en consultas, procedimientos almacenados y otros objetos de base de datos a lo largo del tiempo. Este seguimiento permite a los equipos comprender cómo ha evolucionado el código, quién realizó cambios específicos y por qué se implementaron esos cambios. Más importante aún, proporciona la capacidad de volver a versiones anteriores cuando sea necesario y gestionar múltiples líneas de desarrollo simultáneamente.

Git se ha convertido en el sistema de control de versiones dominante, incluso para código SQL. Su naturaleza distribuida y sus sólidas capacidades de ramificación lo hacen particularmente adecuado para gestionar bases de código analíticas. Al implementar Git para trabajo SQL, los equipos deben establecer convenciones claras para la estructura del repositorio, nomenclatura de ramas y formato de mensajes de commit. Estas convenciones ayudan a mantener el orden a medida que la base de código crece y los miembros del equipo cambian con el tiempo.

Una consideración clave al controlar versiones de código SQL es manejar el estado de la base de datos junto con el código de consultas. Mientras que el código de aplicación típicamente funciona de manera independiente, las consultas SQL a menudo dependen de esquemas específicos de base de datos, estructuras de tablas y datos de referencia. Los equipos deben decidir cómo gestionar estas dependencias, ya sea mediante scripts de migración de esquemas, archivos de proyecto de base de datos u otros mecanismos que aseguren que el código permanezca funcional en diferentes entornos.

Organizar repositorios de código SQL requiere una cuidadosa consideración. Un enfoque común implica crear directorios separados para diferentes tipos de código como consultas de análisis ad hoc, procedimientos de informes de producción y lógica de transformación de datos. Dentro de estos directorios, la organización adicional podría reflejar dominios de negocio, fuentes de datos o proyectos específicos. Los archivos README claros deben documentar la estructura del repositorio y cualquier consideración especial para trabajar con el código.

Las estrategias de gestión de ramas deben equilibrar las necesidades de colaboración del equipo con los requisitos de estabilidad del código. Las ramas de características permiten a los analistas trabajar independientemente en nuevas consultas o modificaciones sin afectar a otros. Las ramas de integración ayudan a gestionar el código que está listo para revisión pero aún no aprobado para producción. Las ramas principales o master típicamente contienen código listo para producción que ha sido probado y revisado exhaustivamente.

Los procesos de revisión de código se vuelven mucho más manejables con un control de versiones adecuado. Las solicitudes de extracción proporcionan una forma estructurada de discutir cambios de código, sugerir mejoras y asegurar que las modificaciones cumplan con los estándares del equipo antes de fusionarse en el código de producción. Las revisiones deben centrarse no solo en la corrección de las consultas sino también en las implicaciones de rendimiento, mantenibilidad y adherencia a los estándares de codificación del equipo.

La resolución de conflictos adquiere especial importancia con el código SQL. A diferencia del código de aplicación donde los conflictos suelen ocurrir a nivel de línea, los conflictos SQL pueden involucrar cambios complejos en la lógica de consultas que requieren una reconciliación cuidadosa. Los equipos deben establecer procedimientos claros para manejar conflictos y asegurar que los miembros entiendan cómo fusionar cambios efectivamente sin comprometer la funcionalidad de las consultas.

Las estrategias de prueba deben tener en cuenta el código SQL versionado. Esto puede implicar mantener conjuntos de datos de prueba, consultas de validación automatizadas o puntos de referencia de rendimiento que puedan ejecutarse contra nuevas versiones de código. Los sistemas de integración continua pueden automatizar gran parte de estas pruebas, ayudando a detectar posibles problemas antes de que el código llegue a entornos de producción.

La documentación juega un papel crucial en entornos SQL controlados por versiones. Más allá de los comentarios básicos del código, los equipos deben mantener mensajes de commit detallados que expliquen el propósito y contexto de los cambios. Las notas de versión ayudan a rastrear modificaciones significativas a lo largo del tiempo, mientras que los registros de decisiones de arquitectura capturan el razonamiento detrás de cambios estructurales importantes en la base de código.

Las consideraciones de seguridad no pueden pasarse por alto al implementar control de versiones para SQL. Los controles de acceso deben configurarse adecuadamente para proteger consultas sensibles o información de conexión. Los equipos deben establecer pautas claras sobre qué información puede almacenarse en repositorios y cómo manejar credenciales u otros detalles de configuración sensibles.

Los procesos de implementación deben adaptarse para trabajar con código SQL versionado. Esto puede implicar implementar canales de despliegue automatizados que puedan aplicar cambios en diferentes entornos mientras mantienen la integridad de los datos. Los procedimientos de reversión se vuelven particularmente importantes, asegurando que los equipos puedan revertir rápidamente cambios problemáticos cuando sea necesario.

Los scripts de migración merecen atención especial en entornos SQL controlados por versiones. Estos scripts manejan cambios de esquema, actualizaciones de datos y otras modificaciones que deben aplicarse secuencialmente. El control de versiones ayuda a rastrear estos scripts y asegurar que se ejecuten en el orden correcto en diferentes entornos.

Gestionar dependencias entre diferentes partes de la base de código SQL requiere una consideración cuidadosa. Esto puede implicar rastrear relaciones entre vistas, procedimientos almacenados y tablas subyacentes, o gestionar dependencias externas en versiones o características específicas de bases de datos. La documentación clara de estas dependencias ayuda a prevenir problemas inesperados durante los despliegues.

Al implementar prácticas robustas de control de versiones para código SQL, las organizaciones pueden mejorar significativamente sus operaciones analíticas. Los equipos trabajan más eficientemente, la calidad del código mejora y el riesgo de consultas perdidas o corruptas disminuye sustancialmente. Si bien requiere alguna inversión inicial en herramientas y procesos, los beneficios a largo plazo del código SQL controlado por versiones superan con creces los costos de implementación.

Capítulo 59: Documentación de Código SQL

La documentación del código SQL representa uno de los aspectos más críticos y frecuentemente descuidados del trabajo de análisis de datos. Si bien escribir consultas que funcionen correctamente es esencial, documentarlas adecuadamente garantiza su mantenibilidad a largo plazo y permite compartir conocimientos de manera efectiva entre equipos. Una buena documentación sirve tanto como referencia técnica como puente entre los requisitos comerciales y las soluciones implementadas.

La documentación SQL efectiva comienza con comentarios en línea claros que explican la lógica compleja dentro de las consultas. Sin embargo, la documentación va mucho más allá de simples comentarios. Cada consulta debe incluir una sección de encabezado que describa su propósito, entradas, salidas y cualquier suposición o dependencia importante. Este encabezado también debe incluir información sobre el autor, fecha de creación e historial de modificaciones para proporcionar contexto sobre la evolución de la consulta.

El contexto empresarial resulta particularmente valioso en la documentación SQL. Los analistas deben explicar no solo cómo funciona una consulta sino por qué se implementan reglas comerciales específicas de ciertas maneras. Esto incluye documentar casos especiales, excepciones o requisitos regulatorios que influyen en la lógica de la consulta. Cuando futuros analistas encuentren el código, este contexto les ayuda a comprender el razonamiento detrás de decisiones particulares de implementación.

La documentación debe abordar explícitamente las consideraciones de rendimiento. Esto incluye señalar cualquier índice del que dependa la consulta, explicar por qué se eligieron ciertos órdenes de unión o destacar áreas donde se hicieron compensaciones de rendimiento para satisfacer requisitos comerciales específicos. Esta información resulta invaluable durante futuros esfuerzos de optimización o al adaptar consultas para conjuntos de datos más grandes.

Las convenciones de nomenclatura de variables y columnas forman una parte importante del código autodocumentado. Si bien las abreviaturas crípticas pueden ahorrar tiempo de escritura, nombres claros y consistentes hacen que las consultas sean mucho más fáciles de entender y mantener. La documentación debe incluir un glosario de términos comunes y abreviaturas utilizadas en todo el código, asegurando una interpretación consistente en todo el equipo.

Las relaciones entre tablas y el linaje de datos merecen especial atención en la documentación. Los analistas deben documentar cómo se relacionan las diferentes tablas entre sí, incluidas las condiciones de unión inusuales o los pasos de transformación de datos. Esto se vuelve particularmente importante en almacenes de datos complejos donde las tablas pueden estar separadas por varias uniones de sus fuentes originales.

Al documentar procedimientos almacenados o funciones, las descripciones de parámetros se vuelven cruciales. Cada parámetro debe explicarse claramente, incluyendo su propósito, valores aceptables y comportamientos predeterminados. Si los parámetros interactúan entre sí o ciertas combinaciones son inválidas, estas restricciones deben documentarse explícitamente.

La lógica de manejo de errores requiere una documentación cuidadosa. Los analistas deben explicar cómo sus consultas manejan casos extremos, valores nulos o entradas inesperadas. Esto incluye documentar cualquier mensaje de error o mecanismo de registro implementado para ayudar a solucionar problemas en entornos de producción.

La documentación también debe abordar cualquier aspecto temporal de las consultas. Esto incluye explicar cómo se manejan los rangos de fechas, señalar consideraciones específicas del calendario como años fiscales o días hábiles, y documentar cómo se gestiona la información histórica. Cualquier agregación o cálculo basado en tiempo debe explicarse claramente para evitar malinterpretaciones.

Cuando las consultas implementan cálculos comerciales complejos, la documentación debe incluir ejemplos que expliquen la lógica con datos de muestra. Estos ejemplos ayudan a validar la comprensión y sirven como referencias valiosas cuando se necesitan modificaciones. Incluir tanto casos simples como extremos en los ejemplos ayuda a garantizar una comprensión integral.

Los procedimientos de mantenimiento deben documentarse junto con las propias consultas. Esto incluye información sobre con qué frecuencia deben ejecutarse las consultas, cualquier dependencia de otros procesos y procedimientos para validar resultados. La documentación también debe cubrir cualquier limitación conocida o problema potencial que el personal de mantenimiento deba vigilar.

Los puntos de integración con otros sistemas requieren particular atención en la documentación. Esto incluye explicar cualquier dependencia de fuentes de datos externas, señalar formatos de archivo o APIs involucradas, y documentar cómo se mantiene la consistencia de datos a través de los límites del sistema. Cualquier manejo especial requerido para diferentes entornos debe explicarse claramente.

La documentación específica de versiones ayuda a gestionar el código en diferentes plataformas o versiones de bases de datos. Los analistas deben documentar cualquier característica que dependa de versiones específicas de la base de datos y proporcionar enfoques alternativos para entornos que ejecuten diferentes versiones. Esto ayuda a mantener la portabilidad del código y facilita los esfuerzos de migración.

La documentación debe abordar los requisitos de seguridad y control de acceso. Esto incluye señalar cualquier permiso requerido, explicar cómo se maneja la información sensible y documentar cualquier enmascaramiento o filtrado aplicado para diferentes roles de usuario. Cualquier requisito de auditoría o cumplimiento debe documentarse claramente para garantizar la adhesión continua.

Mantener la documentación requiere esfuerzo continuo y procesos claros. Los equipos deben establecer procedimientos para revisar y actualizar la documentación junto con los cambios de código. Las auditorías regulares ayudan a garantizar que la documentación permanezca precisa y útil a lo largo del tiempo. La documentación debe tratarse como un documento vivo que evoluciona con el código.

El esfuerzo invertido en documentación SQL integral rinde dividendos durante todo el ciclo de vida de las soluciones analíticas. El código bien documentado es más fácil de mantener, adaptar y transferir entre miembros del equipo. Si bien requiere disciplina mantener buenas prácticas de documentación, los beneficios en términos de menor sobrecarga de mantenimiento y mayor eficiencia del equipo hacen que valga la pena la inversión.

Capítulo 60: Prácticas de Colaboración en Equipo

La colaboración efectiva en equipo en el desarrollo de SQL y análisis de datos requiere una cuidadosa orquestación de personas, procesos y herramientas. A medida que los equipos de datos crecen y los proyectos se vuelven más complejos, establecer prácticas sólidas de colaboración se vuelve cada vez más crítico para el éxito. Este capítulo explora estrategias probadas para fomentar el trabajo en equipo productivo en entornos analíticos basados en SQL.

La comunicación forma la base de una colaboración exitosa. Los equipos deben establecer canales claros para discutir consultas, compartir conocimientos y plantear inquietudes. Las sesiones regulares de revisión de código brindan oportunidades para que los analistas aprendan unos de otros mientras mantienen altos estándares de calidad. Estas revisiones deben centrarse no solo en la corrección técnica sino también en la legibilidad, el rendimiento y la alineación con los requisitos comerciales.

Las prácticas de control de versiones juegan un papel crucial en la colaboración en equipo. Si bien los equipos de desarrollo de software tradicionales han adoptado durante mucho tiempo el control de versiones, muchos equipos analíticos todavía están adaptando estas prácticas al desarrollo de SQL. Los equipos deben establecer estrategias claras de ramificación, estándares de mensajes de commit y procedimientos de fusión. Esta estructura ayuda a prevenir conflictos cuando múltiples analistas trabajan en consultas relacionadas o bases de datos compartidas.

Los entornos de desarrollo compartidos requieren una gestión cuidadosa para apoyar la colaboración efectiva. Los equipos deben implementar entornos separados de desarrollo, prueba y producción con procedimientos claros para promover código entre ellos. Los controles de acceso y los procesos de gestión de cambios ayudan a prevenir interferencias no deseadas entre miembros del equipo que trabajan en diferentes proyectos.

El intercambio de conocimientos resulta esencial para construir equipos analíticos sólidos. Las sesiones regulares de capacitación, almuerzos formativos y sprints de documentación ayudan a distribuir la experiencia en todo el equipo. Los analistas más experimentados deben mentorizar a los nuevos miembros del equipo, compartiendo no solo conocimientos técnicos sino también contexto comercial y mejores prácticas aprendidas a través de la experiencia.

Las guías de estilo y los estándares de codificación ayudan a mantener la consistencia entre los miembros del equipo. Estos estándares deben cubrir convenciones de nomenclatura, preferencias de formato y patrones comunes para manejar escenarios típicos. Si bien los analistas individuales pueden tener diferentes preferencias, acordar estándares de equipo reduce la sobrecarga cognitiva al leer y mantener el código de los demás.

Las prácticas de gestión de proyectos necesitan adaptación para equipos centrados en SQL. Las metodologías ágiles tradicionales pueden requerir modificaciones para adaptarse mejor al trabajo analítico. Los equipos deben establecer procesos claros para priorizar solicitudes, gestionar dependencias y comunicar el progreso a las partes interesadas. Las reuniones diarias ayudan a identificar problemas bloqueantes y coordinar el uso de recursos compartidos.

Las herramientas de desarrollo colaborativo pueden mejorar significativamente la eficiencia del equipo. Si bien los editores de texto básicos son suficientes para consultas simples, los entornos modernos de desarrollo SQL ofrecen características como compartir código, colaboración en tiempo real y control de versiones integrado. Los equipos deben evaluar y estandarizar herramientas que apoyen sus necesidades específicas de colaboración.

La gestión de acceso a bases de datos requiere una consideración cuidadosa en entornos colaborativos. Los equipos necesitan procedimientos claros para solicitar y otorgar acceso a diferentes entornos. El control de acceso basado en roles ayuda a prevenir modificaciones accidentales mientras asegura que los analistas puedan acceder a los recursos que necesitan. Las revisiones regulares de acceso ayudan a mantener la seguridad sin impedir la productividad.

Las estrategias de prueba se vuelven más críticas a medida que aumenta el tamaño del equipo. Los equipos deben establecer enfoques estándar para validar consultas, incluyendo pruebas unitarias para lógica compleja y pruebas de integración para procesos de extremo a extremo. Las pruebas automatizadas ayudan a detectar problemas temprano y proporcionan confianza al realizar cambios en código compartido.

Las prácticas de documentación deben evolucionar para apoyar la colaboración en equipo. Más allá de los comentarios básicos en el código, los equipos necesitan sistemas para compartir contexto comercial, rastrear decisiones y mantener documentación técnica. Los wikis o repositorios de documentación compartidos ayudan a preservar el conocimiento y reducir la dependencia de miembros individuales del equipo.

Los procesos de gestión de cambios ayudan a coordinar modificaciones en recursos compartidos. Los equipos deben establecer procedimientos para revisar e implementar cambios en tablas comunes, vistas o procedimientos almacenados. El análisis de impacto se vuelve particularmente importante cuando los cambios pueden afectar múltiples procesos dependientes.

La programación de recursos requiere atención en entornos colaborativos. Los equipos necesitan sistemas para gestionar el acceso a recursos compartidos como bases de datos de desarrollo o capacidad de procesamiento. Los procedimientos claros para programar consultas grandes o trabajos por lotes ayudan a prevenir la contención de recursos y aseguran una utilización eficiente.

Los procedimientos de resolución de conflictos ayudan a los equipos a manejar los desacuerdos de manera productiva. Ya sean disputas técnicas sobre enfoques de implementación o conflictos de prioridades entre proyectos competidores, las vías claras de escalamiento y los marcos de toma de decisiones ayudan a mantener la cohesión del equipo.

La colaboración interfuncional a menudo resulta esencial en el trabajo analítico. Los equipos de SQL frecuentemente necesitan coordinarse con ingenieros de datos, analistas de negocio y expertos en la materia. Las interfaces claras y los canales de comunicación entre estos grupos ayudan a asegurar una colaboración eficiente mientras se mantiene una separación apropiada de responsabilidades.

Las estructuras de organización del equipo influyen en la efectividad de la colaboración. Si bien los equipos pequeños pueden operar de manera informal, los grupos más grandes se benefician de roles y responsabilidades claras. Ya sea organizados por dominio comercial, especialidad técnica o enfoque de proyecto, las estructuras del equipo deben apoyar tanto la ejecución eficiente como el intercambio de conocimientos.

Los equipos colaborativos más exitosos mantienen un equilibrio entre estructura y flexibilidad. Si bien los procesos claros ayudan a coordinar el trabajo de manera efectiva, los equipos necesitan suficiente adaptabilidad para manejar solicitudes urgentes y prioridades cambiantes. Las retrospectivas regulares ayudan a los equipos a refinar sus prácticas de colaboración basadas en la experiencia.

Capítulo 61: Mejores Prácticas de Seguridad en SQL

La seguridad se erige como un pilar fundamental en el desarrollo de SQL y el análisis de datos, particularmente cuando las organizaciones manejan datos cada vez más sensibles. Este capítulo explora las mejores prácticas integrales de seguridad que todo analista de datos debe comprender e implementar para proteger los valiosos activos de información mientras mantiene las capacidades analíticas.

La autenticación y la autorización forman la base de la seguridad en SQL. Cada usuario que accede a la base de datos debe tener credenciales únicas, eliminando los inicios de sesión compartidos que imposibilitan el seguimiento de actividades. El control de acceso basado en roles (RBAC) proporciona un enfoque escalable para gestionar permisos, permitiendo a los administradores agrupar usuarios similares y asignar niveles de acceso apropiados. Los analistas típicamente deben recibir acceso de solo lectura a las bases de datos de producción, con permisos de escritura limitados a entornos de desarrollo.

El principio de mínimo privilegio debe guiar las decisiones de gestión de accesos. Los usuarios deben recibir solo los permisos mínimos necesarios para realizar sus tareas requeridas. Este enfoque limita el daño potencial de cuentas comprometidas y ayuda a prevenir modificaciones accidentales a datos críticos. Las revisiones regulares de acceso aseguran que los permisos permanezcan apropiados conforme evolucionan los roles y responsabilidades.

El cifrado de bases de datos protege los datos tanto en reposo como en tránsito. Las bases de datos SQL modernas ofrecen cifrado de datos transparente (TDE) para asegurar los datos almacenados, mientras que el cifrado SSL/TLS protege los datos que se mueven entre aplicaciones y la base de datos. Los analistas deben comprender estos mecanismos de cifrado y asegurar que sus consultas no expongan inadvertidamente datos sensibles en registros o tablas temporales.

El manejo de datos sensibles requiere atención especial. La información personal, datos financieros y otra información confidencial debe identificarse claramente y protegerse apropiadamente. El cifrado a nivel de columna puede proporcionar seguridad adicional para campos particularmente sensibles. El enmascaramiento o anonimización de datos debe emplearse cuando no sea necesario el conjunto completo de datos de producción para el análisis.

La seguridad en las consultas exige una consideración cuidadosa. La inyección SQL sigue siendo un vector de ataque común, incluso en aplicaciones internas. Los analistas siempre deben usar consultas parametrizadas en lugar de concatenación de cadenas cuando trabajen con valores proporcionados por usuarios. Las auditorías regulares de seguridad de procedimientos almacenados y vistas ayudan a identificar vulnerabilidades potenciales.

Las capacidades de monitoreo y auditoría resultan esenciales para mantener la seguridad. El monitoreo de actividad de la base de datos ayuda a detectar patrones sospechosos o intentos de acceso no autorizado. Los registros de auditoría deben rastrear eventos significativos de la base de datos, incluyendo cambios en el esquema, modificaciones de permisos y acceso a datos sensibles. La revisión regular de estos registros ayuda a identificar problemas de seguridad tempranamente.

La separación de entornos proporciona otra capa crítica de seguridad. Los entornos de desarrollo, pruebas y producción deben permanecer estrictamente aislados, con controles apropiados que gobiernen el movimiento de datos entre ellos. Los datos de producción nunca deben fluir a entornos menos seguros sin la sanitización o anonimización adecuada.

Las políticas de contraseñas necesitan una consideración cuidadosa. Los requisitos de contraseñas fuertes, programas regulares de rotación y autenticación multifactor proporcionan protecciones importantes. Sin embargo, las políticas excesivamente restrictivas podrían fomentar soluciones alternativas inseguras, por lo que encontrar el equilibrio adecuado resulta crucial. Los sistemas de gestión de contraseñas pueden ayudar a los equipos a mantener la seguridad sin sacrificar la usabilidad.

La seguridad de las copias de respaldo requiere atención junto con la seguridad de la base de datos principal. Los archivos de respaldo contienen la misma información sensible que las bases de datos de producción y necesitan protección equivalente. El acceso a las copias de respaldo debe estar estrictamente controlado, y el cifrado debe proteger los archivos de respaldo tanto en almacenamiento como durante la transmisión.

La seguridad de red juega un papel vital en la protección general de la base de datos. Las bases de datos deben estar detrás de cortafuegos apropiados con acceso limitado a puertos y protocolos necesarios. Las redes privadas virtuales (VPN) o tecnologías similares deben proteger el acceso remoto. Las evaluaciones regulares de seguridad de red ayudan a identificar vulnerabilidades potenciales.

La seguridad en la integración con terceros exige atención cuidadosa. Las aplicaciones, herramientas de informes y otros sistemas que se conectan a la base de datos necesitan autenticación y cifrado apropiados. Las revisiones regulares de seguridad de sistemas integrados ayudan a asegurar que no creen vulnerabilidades en la seguridad de la base de datos.

La capacitación en seguridad resulta esencial para mantener una protección efectiva. Todos los miembros del equipo deben comprender los principios básicos de seguridad y sus responsabilidades específicas. Las sesiones regulares de concientización sobre seguridad ayudan a mantener frescas las mejores prácticas y comunicar nuevas amenazas o requisitos.

Los procedimientos de respuesta a incidentes necesitan definición antes de que ocurran incidentes de seguridad. Los equipos deben tener planes claros para responder a posibles brechas, incluyendo protocolos de comunicación y procedimientos de recuperación. Las pruebas regulares de estos procedimientos ayudan a asegurar que permanezcan efectivos.

Los requisitos de cumplimiento a menudo impulsan las decisiones de seguridad. Diferentes industrias enfrentan requisitos regulatorios variables respecto a la protección de datos. Los analistas deben comprender los estándares de cumplimiento relevantes y asegurar que sus prácticas se alineen con los requisitos. Las auditorías regulares de cumplimiento ayudan a mantener niveles apropiados de seguridad.

El factor humano permanece crucial en la implementación de seguridad. Si bien los controles técnicos proporcionan protecciones importantes, el comportamiento del usuario impacta significativamente en la seguridad general. Las políticas claras, la capacitación regular y la aplicación apropiada ayudan a construir una cultura consciente de la seguridad mientras se mantiene la productividad analítica.

Capítulo 62: Casos de Estudio del Mundo Real

Los estudios de casos reales proporcionan perspectivas invaluables sobre cómo SQL transforma datos sin procesar en inteligencia empresarial procesable. Este capítulo explora varios ejemplos detallados que demuestran la aplicación práctica de SQL en la resolución de desafíos analíticos complejos en diferentes industrias.

Comencemos con un estudio de caso de análisis minorista de una importante cadena de tiendas departamentales. La empresa necesitaba comprender los patrones de compra de los clientes para optimizar su gestión de inventario. Usando SQL, los analistas crearon una consulta sofisticada que combinaba datos de transacciones, demografía de clientes y tendencias estacionales. El análisis reveló que ciertas categorías de productos mostraban fuertes correlaciones con segmentos específicos de clientes durante temporadas particulares. Una perspectiva clave surgió cuando los analistas utilizaron funciones de ventana para calcular promedios móviles de ventas por departamento, descubriendo ineficiencias de inventario que le costaban millones anualmente a la empresa.

En el sector sanitario, una red hospitalaria regional enfrentó el desafío de reducir las tasas de readmisión de pacientes. El equipo de análisis desarrolló una serie de consultas SQL que combinaban registros de pacientes, historiales de tratamiento y datos demográficos. Utilizando uniones y agregaciones complejas, identificaron patrones en las readmisiones que no eran evidentes mediante análisis convencionales. Las consultas revelaron que combinaciones específicas de condiciones, medicamentos y momento del alta influían significativamente en la probabilidad de readmisión. Este análisis condujo a protocolos revisados que redujeron las tasas de readmisión en un 23 por ciento.

Una firma de servicios financieros proporciona otro ejemplo convincente del poder analítico de SQL. La empresa necesitaba detectar transacciones potencialmente fraudulentas entre millones de compras diarias con tarjeta de crédito. Los analistas crearon un sofisticado sistema de monitoreo utilizando funciones de ventana de SQL y capacidades de análisis estadístico. El sistema calculaba promedios móviles y desviaciones estándar para patrones de transacciones, marcando actividades inusuales para su revisión. Las expresiones de tabla común ayudaron a gestionar la complejidad del análisis, mientras mantenían el rendimiento de las consultas en conjuntos de datos masivos.

El comercio electrónico presenta desafíos particularmente interesantes para el análisis SQL. Consideremos un mercado en línea que necesitaba optimizar su motor de recomendaciones. Los analistas utilizaron SQL para analizar historiales de compras, patrones de navegación e interacciones de clientes. Mediante la aplicación cuidadosa de auto-uniones y análisis de correlación, identificaron patrones de afinidad de productos que mejoraron significativamente la precisión de las recomendaciones. La solución involucró subconsultas complejas para manejar la naturaleza anidada de las relaciones entre productos mientras mantenían un rendimiento de consulta aceptable.

El análisis de efectividad de marketing proporciona otro rico estudio de caso. Una empresa de telecomunicaciones quería entender qué combinaciones de canales de marketing proporcionaban los mejores resultados de adquisición de clientes. Los analistas desarrollaron un modelo de atribución integral utilizando SQL para rastrear puntos de contacto con clientes a través de canales digitales y tradicionales. El análisis requirió un manejo cuidadoso de datos de series temporales y múltiples eventos de conversión. Las funciones de ventana personalizadas ayudaron a atribuir valor a diferentes interacciones de marketing a lo largo del recorrido del cliente.

La optimización de la eficiencia en manufactura ofrece otra aplicación práctica. Un fabricante global necesitaba identificar cuellos de botella en su proceso de producción. Las consultas SQL que combinaban datos de sensores, programas de producción y métricas de control de calidad revelaron patrones previamente ocultos en los retrasos de fabricación. Los analistas utilizaron operaciones de pivote para transformar datos de series temporales en un formato que resaltaba secuencias problemáticas del proceso. Este análisis condujo a mejoras en el proceso que aumentaron la eficiencia de producción en un 15 por ciento.

El análisis de abandono de clientes representa una aplicación crítica del análisis SQL. Una empresa de software basada en suscripción necesitaba predecir y prevenir cancelaciones de clientes. Los analistas desarrollaron una serie de consultas que examinaban patrones de uso, interacciones de soporte y características de cuenta. Usando análisis de cohortes implementado en SQL, identificaron patrones de comportamiento que precedían a las cancelaciones. Esto permitió a la empresa implementar medidas de retención proactivas, reduciendo significativamente las tasas de abandono.

La optimización de la cadena de suministro proporciona un desafío analítico complejo bien adaptado a las capacidades de SQL. Una empresa de logística necesitaba optimizar sus rutas de entrega y operaciones de almacén. Los analistas combinaron datos históricos de entregas, patrones de tráfico y niveles de inventario de almacén utilizando consultas SQL sofisticadas. El análisis reveló oportunidades para la optimización de rutas y reequilibrio de inventario que redujeron tiempos y costos de entrega.

El análisis de redes sociales presenta desafíos únicos que SQL puede abordar efectivamente. Una agencia de marketing digital necesitaba analizar patrones de participación a través de múltiples plataformas sociales. Los analistas crearon consultas que normalizaban datos de diferentes fuentes y calculaban métricas de participación consistentemente a través de plataformas. El análisis reveló tiempos óptimos de publicación y tipos de contenido para diferentes segmentos de audiencia.

La segmentación de clientes ofrece otro estudio de caso ilustrativo. Una cadena hotelera quería mejorar la orientación de su programa de fidelización. Los analistas SQL combinaron historiales de reservas, interacciones de servicio al cliente y datos demográficos para crear segmentos significativos de clientes. El análisis utilizó técnicas de agrupamiento implementadas a través de SQL para identificar grupos distintos de clientes con diferentes propuestas de valor y necesidades de servicio.

Estos estudios de caso demuestran la versatilidad de SQL en la resolución de desafíos analíticos del mundo real. Destacan la importancia de combinar el conocimiento técnico de SQL con la comprensión del dominio empresarial. Las implementaciones exitosas a menudo requieren enfoques creativos para el modelado de datos, atención cuidadosa al rendimiento de las consultas y comunicación clara de las perspectivas analíticas.

Cada estudio de caso también revela patrones comunes en el análisis SQL exitoso: la necesidad de combinar datos de múltiples fuentes, la importancia de manejar efectivamente datos de series temporales, el valor de las funciones de ventana en cálculos complejos y el papel crítico de la optimización del rendimiento al trabajar con grandes conjuntos de datos. Estos patrones proporcionan plantillas valiosas para analistas que abordan desafíos similares en su propio trabajo.

Los casos también ilustran cómo el análisis SQL típicamente forma parte de un ecosistema analítico más amplio. La integración con herramientas de visualización, sistemas de informes automatizados y procesos empresariales resulta crucial para entregar perspectivas procesables. Comprender estos puntos de integración ayuda a los analistas a diseñar soluciones SQL más efectivas.

Capítulo 63: Técnicas Avanzadas de Resolución de Problemas

Las técnicas avanzadas de resolución de problemas en SQL requieren combinar experiencia técnica con pensamiento analítico creativo. Este capítulo explora enfoques sofisticados para abordar desafíos complejos de datos que los analistas encuentran comúnmente en su trabajo.

Una de las técnicas de resolución de problemas más poderosas es dividir los problemas complejos en componentes más pequeños y manejables. Considere un escenario donde necesita analizar el valor del ciclo de vida del cliente a través de múltiples unidades de negocio con diferentes estructuras de transacción. En lugar de intentar escribir una consulta masiva, puede construir la solución incrementalmente. Comience creando CTEs separadas para las métricas principales de cada unidad de negocio, luego combínelas sistemáticamente. Este enfoque modular hace que el código sea más fácil de desarrollar, probar y mantener.

El reconocimiento de patrones juega un papel crucial en la resolución de problemas de SQL. Los analistas experimentados desarrollan una intuición para identificar patrones comunes en problemas aparentemente diferentes. Por ejemplo, las técnicas utilizadas para calcular las tasas de abandono de clientes a menudo son paralelas a las utilizadas para el análisis de rotación de empleados o estudios de discontinuación de productos. Todos implican examinar cambios de estado a lo largo del tiempo y calcular tasas de supervivencia. Comprender estos patrones subyacentes ayuda a los analistas a adaptar soluciones de un dominio a otro.

Los desafíos de modelado de datos a menudo requieren soluciones creativas. Cuando se enfrenta a bases de datos altamente normalizadas que dificultan el análisis, considere crear vistas intermedias o tablas temporales que desnormalicen los datos apropiadamente. Si bien mantener la forma normal es importante para la integridad de los datos, el análisis a veces requiere reestructurar los datos para hacerlos más consultables. La clave es encontrar el equilibrio adecuado entre rendimiento, mantenibilidad y flexibilidad analítica.

La optimización del rendimiento presenta otra clase de problemas que se benefician de técnicas avanzadas. Al tratar con grandes conjuntos de datos, a veces la solución obvia no es la más eficiente. Por ejemplo, si bien las funciones de ventana proporcionan soluciones elegantes para muchos problemas analíticos, pueden convertirse en cuellos de botella de rendimiento con conjuntos de datos muy grandes. En tales casos, considere enfoques alternativos como el preprocesamiento de agregaciones o el uso de tablas temporales indexadas.

El manejo de errores y los problemas de calidad de datos requieren enfoques sistemáticos de resolución de problemas. Desarrolle patrones estándar para identificar y manejar valores nulos, tipos de datos inconsistentes y casos límite. Cree plantillas de código reutilizables para verificaciones comunes de calidad de datos. Cuando trabaje con datos internacionales, preste especial atención a la codificación de caracteres, formatos de fecha y conversiones de moneda.

Las estructuras de datos jerárquicas complejas presentan desafíos únicos. Si bien SQL no está naturalmente adaptado para manejar jerarquías, técnicas como las CTEs recursivas proporcionan soluciones poderosas. Considere un sistema de categorización de productos con categorías de profundidad variable. Una CTE recursiva puede atravesar eficientemente la jerarquía, calculando agregaciones en cada nivel mientras mantiene las relaciones padre-hijo.

El análisis de series temporales a menudo requiere soluciones creativas, particularmente cuando se trata de intervalos irregulares o puntos de datos faltantes. Desarrolle estrategias para manejar gaps en datos de series temporales, ya sea mediante interpolación o manejo explícito de gaps en sus consultas. Considere crear tablas de dimensión de fecha para facilitar el análisis consistente basado en tiempo a través de diferentes granularidades.

Los desafíos de transformación de datos surgen a menudo al integrar datos de múltiples fuentes. Desarrolle enfoques sistemáticos para mapear diferentes sistemas de codificación, manejar niveles variables de granularidad y mantener el linaje de datos. Cree plantillas de documentación que capturen claramente su lógica de transformación para referencia futura.

El análisis estadístico en SQL requiere atención cuidadosa a la precisión matemática y el rendimiento. Al implementar cálculos estadísticos, considere tanto la precisión matemática como la eficiencia computacional de diferentes enfoques. Por ejemplo, calcular desviaciones estándar se puede hacer de múltiples maneras, cada una con diferentes compensaciones entre precisión y rendimiento.

A veces los problemas más desafiantes involucran trabajar dentro de restricciones del sistema. Cuando se enfrenta a recursos del sistema limitados o permisos de base de datos restrictivos, la resolución creativa de problemas se vuelve esencial. Desarrolle estrategias para dividir operaciones grandes en piezas manejables, usar tablas temporales efectivamente y optimizar el uso de memoria.

La comunicación representa otro aspecto crucial de la resolución de problemas. Desarrolle técnicas para documentar claramente su enfoque analítico, haciendo que su código sea autodocumentado cuando sea posible, y creando visualizaciones claras de relaciones de datos complejas. Considere crear plantillas de código reutilizables con documentación clara para patrones analíticos comunes.

El control de versiones y la gestión de código requieren enfoques sistemáticos. Desarrolle estrategias para gestionar consultas complejas en múltiples entornos, manejar variaciones de parámetros y mantener la consistencia del código entre los miembros del equipo. Considere crear marcos de prueba estandarizados para validar resultados analíticos.

La resolución avanzada de problemas a menudo implica combinar múltiples características de SQL de formas novedosas. Por ejemplo, podría usar funciones de ventana dentro de CTEs, combinarlas con agregaciones condicionales y envolver los resultados en una vista para reutilización. Comprender cómo interactúan las diferentes características de SQL le ayuda a crear soluciones más elegantes.

Los solucionadores de problemas más efectivos mantienen un conjunto de herramientas de soluciones probadas que pueden adaptar a nuevas situaciones. Esto incluye plantillas de código, marcos de prueba, técnicas de optimización de rendimiento y patrones de documentación. Revisar y actualizar regularmente este conjunto de herramientas le ayuda a resolver problemas de manera más eficiente con el tiempo.

Recuerde que la resolución de problemas en SQL no se trata solo de encontrar cualquier solución que funcione. Se trata de encontrar soluciones que sean eficientes, mantenibles y adaptables a las necesidades comerciales cambiantes. Siempre considere las implicaciones a largo plazo de sus soluciones, incluido su impacto en el rendimiento del sistema, la mantenibilidad del código y la flexibilidad analítica.

Capítulo 64: Crecimiento Profesional como Analista SQL

El crecimiento profesional como analista SQL ofrece numerosas oportunidades de avance y especialización en el entorno empresarial actual basado en datos. A medida que las organizaciones dependen cada vez más de los datos para la toma de decisiones, los analistas SQL cualificados se encuentran bien posicionados para trayectorias profesionales gratificantes.

La base del crecimiento profesional como analista SQL comienza con el dominio de habilidades técnicas fundamentales. Más allá de la escritura básica de consultas, los analistas exitosos desarrollan experiencia en optimización de rendimiento, principios de diseño de bases de datos y modelado de datos. Comprenden cómo optimizar consultas para grandes conjuntos de datos, crear estrategias eficientes de indexación y diseñar esquemas que equilibren las necesidades analíticas con el rendimiento del sistema.

Desarrollar experiencia en dominios empresariales específicos mejora significativamente las perspectivas profesionales. Los analistas SQL que comprenden profundamente finanzas, marketing, ventas u operaciones pueden proporcionar ideas más valiosas y comunicarse más eficazmente con las partes interesadas. Esta experiencia en el dominio permite a los analistas anticipar necesidades comerciales, hacer mejores preguntas y diseñar análisis más relevantes.

Las habilidades de comunicación resultan cada vez más vitales a medida que los analistas avanzan en sus carreras. La capacidad de explicar conceptos técnicos complejos a partes interesadas no técnicas, presentar hallazgos claramente y escribir documentación exhaustiva se vuelve tan importante como la destreza técnica. Los analistas exitosos desarrollan habilidades en visualización de datos, diseño de presentaciones y redacción técnica.

Las capacidades de gestión de proyectos a menudo diferencian a los analistas senior de sus contrapartes junior. A medida que los analistas asumen proyectos más grandes, necesitan gestionar cronogramas, coordinar con múltiples partes interesadas y desglosar requisitos analíticos complejos en tareas manejables. Comprender las metodologías de gestión de proyectos ayuda a los analistas a liderar iniciativas de datos exitosas.

Las oportunidades de liderazgo emergen frecuentemente para analistas SQL experimentados. Las posiciones de líder de equipo requieren mentoría de analistas junior, revisión de código, establecimiento de mejores prácticas y contribución a la estrategia técnica. Algunos analistas hacen la transición a roles de ingeniería de datos o administración de bases de datos, mientras que otros se mueven a posiciones de gestión analítica.

El aprendizaje continuo sigue siendo esencial durante toda la carrera de un analista SQL. El panorama de datos evoluciona rápidamente, con nuevas herramientas, técnicas y mejores prácticas emergiendo regularmente. Los analistas exitosos se mantienen actualizados a través de cursos de desarrollo profesional, programas de certificación, conferencias de la industria y participación activa en comunidades profesionales.

La especialización ofrece otro camino para el avance profesional. Algunos analistas se convierten en expertos en industrias específicas como la atención médica o los servicios financieros. Otros se especializan en tipos particulares de análisis como análisis de comportamiento del cliente, modelado de riesgos u optimización de la cadena de suministro. Estas especializaciones a menudo exigen una compensación premium y conducen a oportunidades de consultoría.

Construir una red profesional resulta invaluable para el crecimiento profesional. Conectarse con otros profesionales de datos a través de eventos de la industria, foros en línea y asociaciones profesionales abre puertas a nuevas oportunidades y proporciona valiosos recursos de aprendizaje. Muchos analistas encuentran particularmente beneficiosas las relaciones de mentoría para el desarrollo profesional.

La transición de analista a gerente de análisis representa una progresión profesional común. Este rol típicamente involucra menos codificación práctica y más enfoque en estrategia, desarrollo de equipo y gestión de partes interesadas. Los gerentes de análisis exitosos combinan conocimiento técnico con perspicacia empresarial y habilidades de liderazgo.

La consultoría presenta otro camino profesional para analistas SQL experimentados. Ya sea trabajando de forma independiente o uniéndose a una firma consultora, los analistas pueden aprovechar su experiencia en múltiples clientes e industrias. La consultoría a menudo proporciona exposición a diversos entornos técnicos y desafíos empresariales.

La intersección de SQL y herramientas de inteligencia empresarial ofrece oportunidades profesionales adicionales. Muchas organizaciones buscan analistas que puedan cerrar la brecha entre datos sin procesar y plataformas de inteligencia empresarial como Tableau o Power BI. Comprender cómo optimizar SQL para la integración de herramientas de BI se vuelve cada vez más valioso.

El conocimiento sobre gobernanza de datos y cumplimiento se vuelve más importante a medida que los analistas avanzan. Comprender las regulaciones de privacidad de datos, las mejores prácticas de seguridad y los requisitos de cumplimiento ayuda a los analistas a asumir roles más estratégicos. Muchas organizaciones buscan específicamente analistas con experiencia en estas áreas.

El avance profesional a menudo implica expandirse más allá del SQL puro hacia tecnologías complementarias. Aprender Python o R para análisis avanzado, comprender herramientas ETL o ganar experiencia con plataformas en la nube puede abrir nuevas oportunidades profesionales. Sin embargo, SQL típicamente permanece como una habilidad fundamental incluso cuando los analistas amplían su experiencia técnica.

El desarrollo de habilidades blandas va en paralelo con el crecimiento técnico a lo largo de la carrera de un analista. Las habilidades de negociación ayudan al trabajar con partes interesadas para definir requisitos o asegurar recursos. La gestión del tiempo se vuelve crucial cuando se manejan múltiples proyectos. Las habilidades de resolución de problemas se extienden más allá de los desafíos técnicos para incluir problemas organizacionales e interpersonales.

El camino hacia posiciones senior generalmente involucra demostrar impacto empresarial a través de proyectos exitosos. Los analistas deben documentar sus logros, cuantificar su impacto cuando sea posible y construir un portafolio de implementaciones exitosas. Esta evidencia de creación de valor respalda el avance profesional y las discusiones de compensación.

Las oportunidades de trabajo remoto han expandido las opciones profesionales para los analistas SQL. Muchas organizaciones ahora contratan analistas remotos, permitiendo a los profesionales acceder a oportunidades más allá de su mercado local. El éxito en roles remotos requiere fuertes habilidades de comunicación y autodisciplina.

Las actividades de enseñanza y mentoría a menudo acompañan el crecimiento profesional. Los analistas experimentados frecuentemente conducen sesiones de capacitación interna, escriben documentación técnica o contribuyen a foros profesionales. Estas actividades no solo ayudan a otros sino que también refuerzan la propia experiencia y visibilidad del analista.

Mirando hacia adelante, las perspectivas profesionales para los analistas SQL siguen siendo sólidas a medida que los volúmenes de datos y la complejidad continúan creciendo. Las organizaciones valoran cada vez más a los profesionales que pueden extraer ideas significativas de los datos mientras mantienen altos estándares de rendimiento y confiabilidad. La clave para el éxito a largo plazo radica en desarrollar continuamente tanto habilidades técnicas como empresariales mientras se mantiene la adaptabilidad a las necesidades cambiantes de la industria.

Capítulo 65: Tendencias Futuras en SQL y Análisis de Datos

El futuro del SQL y el análisis de datos está siendo moldeado por varias tendencias transformadoras que redefinirán cómo los analistas trabajan con los datos. Mientras miramos hacia los próximos años, el papel fundamental de SQL en el análisis de datos permanece sólido, pero su aplicación y contexto continúan evolucionando en respuesta a los avances tecnológicos y las cambiantes necesidades empresariales.

La computación en la nube está influyendo dramáticamente en cómo se utiliza SQL en los entornos de datos modernos. El cambio hacia almacenes de datos en la nube como Snowflake, Amazon Redshift y Google BigQuery está creando nuevas oportunidades para que los analistas SQL trabajen con conjuntos de datos masivos de manera más eficiente. Estas plataformas están introduciendo extensiones y optimizaciones SQL propietarias que mejoran las capacidades tradicionales de SQL mientras mantienen su simplicidad fundamental.

La integración del aprendizaje automático con SQL se está volviendo cada vez más sofisticada. Las plataformas de datos modernas están incorporando capacidades de ML directamente en las interfaces SQL, permitiendo a los analistas realizar análisis avanzados sin salir de su entorno SQL familiar. Esta convergencia significa que los analistas SQL pueden aprovechar modelos predictivos y algoritmos de IA a través de una sintaxis similar a SQL, ampliando el alcance de lo que se puede lograr con los lenguajes de consulta tradicionales.

El análisis en tiempo real está emergiendo como una capacidad crítica en los entornos de datos modernos. SQL se está adaptando para manejar datos en streaming y requisitos de procesamiento en tiempo real, con nuevas extensiones y optimizaciones para manejar flujos continuos de datos. Se espera cada vez más que los analistas trabajen tanto con datos históricos como en tiempo real, requiriendo nuevos enfoques para el diseño y la optimización del rendimiento de las consultas.

El surgimiento de arquitecturas de malla de datos está cambiando la forma en que las organizaciones estructuran sus activos de datos. Este enfoque distribuido para la gestión de datos impacta en cómo los analistas SQL acceden y consultan datos a través de diferentes dominios. Comprender las consultas federadas y trabajar con fuentes de datos distribuidas se está convirtiendo en una habilidad esencial para los analistas SQL.

Las interfaces de lenguaje natural para SQL se están volviendo más sofisticadas, impulsadas por los avances en el procesamiento del lenguaje natural. Estas herramientas permiten a los usuarios empresariales generar consultas SQL a través de interfaces conversacionales, potencialmente cambiando el papel de los analistas SQL de escritores de consultas a validadores y optimizadores. Sin embargo, comprender el SQL subyacente sigue siendo crucial para garantizar la precisión y el rendimiento.

La gobernanza de datos y las consideraciones de privacidad se están integrando más profundamente en los flujos de trabajo SQL. Están surgiendo nuevas extensiones y herramientas SQL para manejar el enmascaramiento de datos, el control de acceso y los requisitos de cumplimiento directamente dentro de las consultas. Los analistas deben equilibrar cada vez más las necesidades analíticas con los requisitos de privacidad y las restricciones regulatorias.

Las capacidades de bases de datos de grafos se están incorporando a los entornos SQL tradicionales. Esto permite a los analistas realizar análisis de redes y mapeo de relaciones utilizando una sintaxis SQL familiar. Comprender cómo trabajar con estructuras de datos de grafos mientras se mantiene la accesibilidad de SQL se está convirtiendo en una habilidad valiosa.

La automatización de tareas SQL rutinarias se está acelerando a través de la IA y el aprendizaje automático. Las herramientas que pueden generar, optimizar y mantener consultas SQL automáticamente se están volviendo más sofisticadas. Esto desplaza el papel del analista hacia tareas de nivel superior como la validación de consultas, la definición de lógica empresarial y la optimización del rendimiento.

La computación de borde está introduciendo nuevas consideraciones para el análisis SQL. A medida que más procesamiento de datos se mueve al borde, los analistas SQL necesitan entender cómo trabajar con el procesamiento de consultas distribuidas y manejar datos que existen en múltiples ubicaciones de procesamiento.

Las herramientas de análisis visual se están integrando más estrechamente con los backends SQL. La línea entre el análisis visual y las consultas SQL se está difuminando, con herramientas que proporcionan transiciones fluidas entre el análisis visual y basado en código. Esto requiere que los analistas entiendan ambos enfoques y sepan cuándo usar cada uno de manera efectiva.

La computación cuántica eventualmente podría impactar en cómo procesamos ciertos tipos de consultas SQL. Aunque todavía está en etapas tempranas, la investigación sobre algoritmos cuánticos para operaciones de bases de datos sugiere posibilidades futuras para manejar consultas extremadamente complejas de formas novedosas.

La democratización del análisis de datos se está acelerando, con más usuarios empresariales teniendo acceso directo a los datos a través de interfaces SQL. Esta tendencia está impulsando el desarrollo de herramientas e interfaces SQL más intuitivas mientras se mantiene el poder y la flexibilidad del lenguaje.

Las consideraciones ambientales están comenzando a influir en las prácticas de análisis de datos. La optimización de consultas energéticamente eficiente y las prácticas de computación verde se están convirtiendo en consideraciones importantes en el desarrollo y ejecución de SQL.

La evolución de los estándares SQL continúa, con nuevas características que se agregan para respaldar los requisitos de análisis modernos. Los analistas necesitan mantenerse actualizados con estos desarrollos mientras mantienen la compatibilidad con los sistemas y consultas existentes.

La compatibilidad multiplataforma se está volviendo más importante a medida que las organizaciones adoptan estrategias híbridas y de múltiples nubes. Los analistas SQL necesitan entender cómo escribir consultas que funcionen eficientemente en diferentes plataformas y entornos.

La integración del análisis de datos no estructurados con SQL tradicional continúa avanzando. Las nuevas capacidades para manejar JSON, XML y otros formatos semiestructurados dentro de las consultas SQL están expandiendo los tipos de análisis posibles a través de SQL.

Las capacidades de análisis de series temporales en SQL se están volviendo más sofisticadas, con nuevas funciones y optimizaciones específicamente diseñadas para el análisis de datos temporales. Esto es particularmente importante para aplicaciones de IoT y datos de sensores.

El papel de SQL en los flujos de trabajo de ciencia de datos está evolucionando, con una mejor integración entre SQL y las herramientas y lenguajes populares de ciencia de datos. Esto crea oportunidades para que los analistas SQL colaboren más efectivamente con científicos de datos e ingenieros de aprendizaje automático.

Mirando hacia adelante, SQL probablemente seguirá siendo una herramienta fundamental para el análisis de datos, pero su aplicación continuará evolucionando. Los analistas exitosos necesitarán equilibrar el mantenimiento de la experiencia central en SQL mientras se adaptan a nuevas capacidades y requisitos. El futuro promete tanto desafíos como oportunidades mientras SQL continúa adaptándose a los cambiantes paisajes de datos y necesidades analíticas.

About the Publisher

Northwood Lore Books is an independent imprint dedicated to producing accessible, thought-provoking content through the use of advanced content generation systems. All books published under this imprint are created for educational or entertainment purposes only. Authors listed under this imprint use pen names and are not subject-matter experts. Accordingly, no material should be interpreted as financial, legal, medical, or professional advice. The information provided is general in nature, subject to change, and may not reflect the most current data or guidance. Readers are encouraged to consult official sources or qualified professionals before making decisions based on the content herein.

www.ingramcontent.com/pod-product-compliance
Lightning Source LLC
LaVergne TN
LVHW042049051026
849517LV00012B/357